Peggy Schirmböck

Der EU-Beitritt der Türkei:
Eine unüberwindbare Hürde?

Eine Studie über die Hindernisse bei der
Integration der Türkei in die Strukturen der EU

Diplomica® Verlag GmbH

Schirmböck, Peggy: Der EU-Beitritt der Türkei: Eine unüberwindbare Hürde?. Eine Studie über die Hindernisse bei der Integration der Türkei in die Strukturen der EU, Hamburg, Diplomica Verlag GmbH 2012

ISBN: 978-3-8428-7934-8
Druck: Diplomica® Verlag GmbH, Hamburg, 2012

Bibliografische Information der Deutschen Nationalbibliothek:
Die Deutsche Nationalbibliothek verzeichnet diese Publikation in der Deutschen Nationalbibliografie; detaillierte bibliografische Daten sind im Internet über http://dnb.d-nb.de abrufbar.

Die digitale Ausgabe (eBook-Ausgabe) dieses Titels trägt die ISBN 978-3-8428-2934-3 und kann über den Handel oder den Verlag bezogen werden.

Inhaltsverzeichnis

Abkürzungsverzeichnis

AKP	-	Adalet ve Kalkınma Partisi / Partei für Gerechtigkeit und Aufschwung
BMWI	-	Bundesministerium für Wirtschaft und Technologie
CDU	-	Christlich-Demokratische Union Deutschlands
CSU	-	Christlich-Soziale Union in Bayern
DDR	-	Deutsche Demokratische Republik
DGM	-	Devlet Güvenlik Mahkemeleri / Staatsicherheitsgerichte Türkei
EAM	-	Erweiterte Assoziierte Mitgliedschaft
EG	-	Europäische Gemeinschaft
EGKS	-	Europäische Gemeinschaft für Kohle und Stahl
EGV	-	Europäischer Gemeinschafts-Vertrag
ESVP	-	Europäische Sicherheits- und Verteidigungspolitik
EU	-	Europäische Union
EVP	-	Europäische Volkspartei
EWG	-	Europäische Wirtschaftsgemeinschaft
EWR	-	Europäischer Wirtschaftsraum
GASP	-	Gemeinsame Außen- und Sicherheitspolitik
iHD	-	insan Hakları Derneği / Menschenrechtsverein Diyarbakir Türkei
MGK	-	Millî Güvenlik Kurulu / Nationaler Sicherheitsrat der Türkei
OECD	-	Organisation for Economic Co-operation and Development / Organisation für wirtschaftliche Zusammenarbeit und Entwicklung
OEEC	-	Organization for European Economic Cooperation / Organisation zur wirtschaftlichen Zusammenarbeit; 1948 gegründet, von der OECD abgelöst
PKK	-	Partiya Karkerên Kurdistan / Arbeiterpartei Kurdistans
UdSSR	-	Union der Sozialistischen Sowjetrepubliken
UNO	-	United Nations Organization / Organisation der Vereinten Nationen
US	-	United States
USA	-	United States of America
WWU	-	Wirtschafts- und Währungsunion
YAŞ	-	Oberster Militärrat
ZJIP	-	Zusammenarbeit im Bereich der Justiz- und Innenpolitik

Tabellenverzeichnis

Abbildungsverzeichnis

1 Einleitung

- *„In ihrem jetzigen Zustand kann die Türkei unmöglich aufgenommen werden."*[1]

- *„Ich [...] glaube, dass ein Beitritt die EU überfordern würde. Die Integrationskapazität der EU reicht nicht aus [...]."*[2]

- *„Wir wollen die Vollmitgliedschaft der Türkei nicht. [...] Aber wir wollen die Türkei als wichtiges Land nicht verlieren."*[3]

Die vorangestellten Zitate beziehen sich allesamt auf den angestrebten EU-Beitritt der Türkei. Allein diese geringe Auswahl an Zitaten zeigt deutlich, dass es sich um eine vielschichtige und konfliktträchtige Debatte handelt.

Die Türkei ist das erste muslimisch geprägte Land, das einen EU-Beitritt anstrebt. Seit insgesamt über vierzig Jahren wartet die Türkei darauf, als vollwertiges Mitglied der EU beitreten zu können. Die Beitrittsverhandlungen wurden bereits aufgenommen und die Türkei hat zahlreiche Reformen verabschiedet, mit denen sie fit für Europa gemacht werden soll. Dennoch scheint der EU-Beitritt der Türkei noch in weiter Ferne zu liegen.

1.1 Die Problemstellung und der konzeptionelle Rahmen

Die zunehmende Bedeutung der EU wird anhand der Anzahl an bisher stattgefundenen Erweiterungsrunden deutlich. Sie verfügt über eine enorme Anziehungskraft. Immer mehr Länder streben einen EU-Beitritt an, wodurch es auch zur Entstehung von Problemen in der EU, vor allem im Bereich ihrer Handlungsfähigkeit, kommt.

In der Türkei unterstützt die Perspektive auf einen EU-Beitritt einerseits den

---

[1] Martin Schulz, Vorsitzender der sozialdemokratischen Fraktion im Europa-Parlament, im Interview über den EU-Beitritt der Türkei, in: FOCUS Online (2006).
[2] Elmar Brok, außenpolitischer Sprecher der EVP-Fraktion im Europäischen Parlament, im Interview mit: Tepasse (2010), S.11.
[3] Bundeskanzlerin Angela Merkel, interviewt von: FOCUS Online (2011).

Modernisierungskurs, andererseits verspricht sich die EU durch die Aufnahme der Türkei vor allem geostrategische und wirtschaftliche Vorteile. Doch seit vielen Jahren kommt es immer wieder zu hitzigen Diskussionen über den möglichen EU-Beitritt der Türkei. Viele verschiedene Argumentationslinien spielen dabei eine Rolle, die jedoch im Kern alle die gleiche Frage aufwerfen: *Ist eine Integration der Türkei in die EU realisierbar?*

Diese Fragestellung ergibt sich auch aus der Tatsache, dass die Beitrittsverhandlungen mit den Beitrittsländern im Zuge der Osterweiterung erfolgreich abgeschlossen wurden und die Verhandlungen mit der Türkei dagegen schon sehr lange Zeit andauern und trotz alledem der Türkei bisher noch keine konkrete Beitrittsperspektive vorgelegt werden konnte.

Die Beantwortung dieser Frage erscheint auf den ersten Blick recht einfach. Die Gegner einer türkischen Mitgliedschaft sprechen sich gegen die Realisierbarkeit des Beitritts aus, und die Befürworter stehen der Integration der Türkei in die EU optimistisch gegenüber. Die Grundlage für die Bewertung der Realisierbarkeit des türkischen Beitritts bilden, je nach Position, zahlreiche Argumente. Allerdings ist die Vielfalt dieser Argumente so groß, dass sie im Rahmen einer Studie nicht annähernd vollständig untersucht werden können. Aus diesem Grund muss überlegt werden, welche Kriterien für die Beantwortung dieser Frage entscheidend sind. In erster Linie erscheint die kritische Betrachtung des EU-Beitritts der Türkei in diesem Zusammenhang geeigneter, da Kritik vorrangig Probleme aufzeigt, die für die Beantwortung der Frage nach der Realisierbarkeit des türkischen EU-Beitritts entscheidend sein können. Diese müssen allerdings mit Hilfe empirischer Studien auf ihre Stichhaltigkeit geprüft werden. Zusätzlich wird diese Auswahl dadurch bestätigt, dass in dem überwiegenden Teil der öffentlichen Ansichten der Beitritt in Frage gestellt wird.

Es stellt sich nun die Frage, wie die Realisierbarkeit des EU-Beitritts bewertet werden kann. Für die Beantwortung ergeben sich dabei verschiedene Perspektiven. Um eine gewisse Übersichtlichkeit in dem „Meer der Argumente" zu erhalten, wird die Debatte im Rahmen dieser Studie in zwei verschiedene Diskussionsebenen unterteilt. Im Mittelpunkt beider Diskussionsebenen steht die Frage nach der Integration der Türkei in die EU. Es handelt sich dabei um zwei völlig verschiedene Diskussionsebenen der EU-Türkei-Debatte. Ein selbst erstelltes Schaubild (Abbildung 1) soll diese zwei Ebenen veranschaulichen. Es ist eine Art Leitfaden, mit dem Strukturiertheit in die Untersuchung der Argumente gebracht werden soll.

Abbildung 1: <u>Darstellung der Diskussionsebenen der Debatte um den EU-Beitritt der Türkei</u>

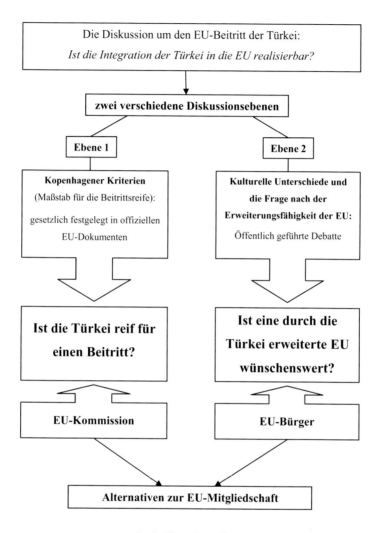

Quelle: Eigene Darstellung

Das Schaubild (Abbildung 1) zeigt die zwei verschiedenen Diskussionsebenen, deren Argumente im Hinblick auf die zentrale Frage *(Ist die Integration der Türkei in die EU realisierbar?)* untersucht werden. Die zentrale Frage wird zu diesem Zweck noch einmal im Hinblick auf die zwei festgelegten Ebenen unterteilt. Ebene 1 beschäftigt sich mit der

Frage, ob die Türkei reif für einen EU-Beitritt ist. Diese Frage wird nach den Richtlinien der EU bewertet. Entscheidend dafür ist die Erfüllung der Kopenhagener Kriterien, die der EU-Kommission als Maßstab für die Beurteilung der Beitrittsreife der Türkei dient. Aus diesem Grund erscheint die geänderte Fragestellung für diese Ebene treffend.

Ebene 2 beschäftigt sich dagegen mit der Frage, ob eine durch die Türkei erweiterte EU wünschenswert ist. Diese Frage wird aus der Perspektive der EU-Bürger untersucht und beschäftigt sich daher vorrangig mit deren Ängsten und Sorgen, wodurch die Argumente dieser Ebene eine starke Emotionalität aufweisen, im Gegensatz zu den Argumenten, die sich im Rahmen der Ebene 1 finden lassen. Die Beurteilung der Integrierbarkeit der Türkei erfolgt in Ebene 2 auf der Grundlage der kulturellen Unterschiede zwischen der Türkei und der EU sowie der vielfach kritisierten Aufnahmefähigkeit der EU.

1.2 Die Vorgehensweise

Die theoretische Grundlage für die Untersuchung dieser Thematik stellt die Bedeutung der europäischen Integration dar (Kapitel 2). Die Hintergründe des europäischen Integrationsprozesses stehen in enger Verbindung mit der Erweiterung der EU. Auf diese Weise werden die Besonderheiten in der Geschichte der EU verdeutlicht, die wiederum das Selbstverständnis der EU mit ihren Wertvorstellungen formen. In diesem Zusammenhang spielen auch die Erfordernisse einer EU-Mitgliedschaft, die sogenannten Kopenhagener Kriterien, eine entscheidende Rolle. Diese sind bei einer Beurteilung der Realisierbarkeit einer EU-Mitgliedschaft der Türkei von großer Bedeutung.

Das dritte Kapitel dieses Buches gibt einen Überblick über die Geschichte der Türkei im Rahmen ihrer Annäherung an die EU. Die Entwicklungsgeschichte der Türkei bis hin zu ihrer Europäisierung ist entscheidendes Hintergrundwissen für die Beurteilung der Fortschritte, die die Türkei in vielen Jahrzehnten erzielt hat.

Eine genaue Untersuchung der Kopenhagener Kriterien erfolgt im vierten Kapitel. Dabei geht es um die Beantwortung der Frage aus Ebene 1 (Abbildung 1): Ist die Türkei reif für einen EU-Beitritt? Anhand dieser Kriterien, die für alle EU-Kandidatenländer gleich sind, bewertet die Europäische Kommission die Integrationsreife. Die Untersuchungsgegenstände sind die wirtschaftlichen und politischen Kriterien sowie die Umsetzung des Acquis communautaire in der Türkei. Von besonderer Bedeutung ist allerdings die Erfüllung der politischen Kriterien, da diese den am häufigsten diskutierten Aspekt der Kopenhagener Kriterien darstellt. Dazu gehört die Beurteilung der demokratischen Lage der Türkei, die Lage der Meinungsfreiheit, die Menschenrechte und der Minderheitenschutz sowie der Konflikt mit Zypern. Ziel ist es, anhand dieser Kriterien die Fortschritte der Türkei darzustellen, aber auch die noch vorhandenen Umsetzungsdefizite zu verdeutlichen.

Im fünften Kapitel wird schließlich Ebene 2 der Diskussion analysiert, bei der es um die Frage geht, ob ein EU-Beitritt der Türkei wünschenswert ist. Untersucht wird die allgemeine Einstellung der EU-Bürger zum türkischen EU-Beitritt sowie die Entwicklung dieser Einstellung innerhalb der letzten Jahre. Bezug nehmend auf die erhaltenen Ergebnisse, geht es in erster Linie um die Kritik der EU-Bürger an dem Beitritt der Türkei. Dazu wurden zwei Aspekte gewählt: die kulturellen Unterschiede zwischen der Türkei und der EU sowie die Erweiterungsfähigkeit der EU. Die Entscheidung fiel auf die genannten Aspekte, da sie beide auf unterschiedliche Weise den EU-Beitritt der Türkei verhindern könnten und somit von großer Bedeutung in diesem Zusammenhang sind. Zusätzlich sollen diese die folgende Aussage bestätigen:

„Die Debatte über den EU-Beitritt ist im Kern ebensosehr eine Türkeidebatte wie eine EU-Debatte: Es geht um das politische Ziel der Unionsbildung, das zwischen den Mitgliedsstaaten höchst umstritten ist."[4]

Alternativen zu einer Vollmitgliedschaft in der EU sind im sechsten Kapitel dieses Buches zu finden und werden auf dem Hintergrund einer möglichen Alternative für die Türkei betrachtet, falls der angestrebte EU-Beitritt nicht erfolgen kann.

---

[4] Leggewie (2004), S. 143.

2 Der europäische Integrationsprozess – Bedeutung und Motive

In diesem Kapitel geht es um die Darstellung der theoretischen Grundlagen. Zentrale Aspekte sind dabei die Hintergründe des europäischen Integrationsprozesses, die in enger Verbindung mit der Erweiterung der EU stehen. Es geht darum, die Besonderheiten der europäischen Geschichte und die damit verbundenen Wertevorstellungen der EU zu verdeutlichen.

2.1 Der Begriff „europäische Integration"

Der Begriff **Integration** steht im Allgemeinen für das Zusammenführen zu einem größeren Ganzen.[5] Im Sinne der europäischen Integration geht die Bedeutung der Integration allerdings viel weiter. Die begriffliche Definition der europäischen Integration ist erstmals in der Präambel des Vertrages zur Gründung der Europäischen Wirtschaftsgemeinschaft vom 25. März 1957 festgelegt worden und steht für

„[...] einen immer engeren Zusammenschluss der europäischen Völker [...]."[6]

Demzufolge sollen die Staaten und Gesellschaften Europas freiwillig und über bestehende Grenzen hinweg zusammengeführt werden. Die europäische Integration steht einerseits im Zusammenhang mit einem bereits erreichten Zustand. Andererseits wird mit diesem Begriff auch ein Entwicklungsprozess bezeichnet.[7] Im Sinne der EU beschreibt dieser Entwicklungsprozess den noch nicht abgeschlossenen Integrationsprozess bzw. die Entwicklung der EU seit ihrer Gründung.[8] In diesem Zusammenhang gibt es zwei Aspekte, die charakteristisch für die europäische Integration sind.

Den ersten Aspekt stellt diesbezüglich die **Vertiefung** dar.[9] Die Mitgliedstaaten übertragen einen Teil ihrer Souveränität, die einzelstaatlichen Zuständigkeiten, auf die Organe der EU oder sie verstärken ihre Zusammenarbeit zwischen den Regierungen in

---

[5] Vgl. Zandonella (2007), S. 59.
[6] EU (2011), S. 1.
[7] Vgl. Fokus Europa (2011).
[8] Vgl. Zandonella (2007), S. 59.
[9] Vgl. Fokus Europa (2011).

diversen Politikbereichen, um die Zusammenarbeit der Gemeinschaft zu intensivieren bzw. zu **vertiefen**. Folglich werden diese Politikbereiche, wie z. B. die Währungspolitik, auf europäischer Ebene entschieden und nicht mehr in den einzelnen Mitgliedstaaten.[10] Die **Erweiterung** der EU stellt den zweiten Aspekt der europäischen Integration dar. Im Zuge der Erweiterungen wurden seit Gründung der EU ständig neue Mitglieder aufgenommen. 1951 begann die europäische Integration mit insgesamt sechs Mitgliedstaaten. Eine wichtige Tatsache, die sich mit der Zunahme der Mitgliedsstaaten in der EU automatisch ergibt, ist die Sicherstellung der Handlungsfähigkeit der EU bei einer stetig steigenden Menge an Politikbereichen in den einzelnen Mitgliedstaaten, die ein wichtiger Teil der neuen europäischen Verfassung ist. Aus diesem Grund vollziehen sich die beiden Aspekte der Vertiefung und der Erweiterung parallel. Die Vertiefung ist meist eine Vorbedingung für die Erweiterung, da sonst eine große erweiterte EU nicht handlungsfähig bleiben kann.[11]

Aktuell sind es insgesamt 27 Mitgliedstaaten, die zur EU gehören, wobei die Tendenz zur Aufnahme weiterer Mitgliedsstaaten durch die EU steigend ist. Diese Tatsache verdeutlicht, dass sich das Konzept des europäischen Integrationsmodells als erfolgreich erwies, an dem auch heute immer mehr Staaten teilhaben möchten. Einen großen Teil des europäischen Kontinents vereint die EU demnach bisher.

2.2 Die Entwicklungsgeschichte der europäischen Integration

In diesem Kapitel werden die wichtigsten Schritte der europäischen Integrationsgeschichte beschrieben und auch die Motive, die den über 50 Jahre andauernden Weg der Integration bis heute vorantrieben.

Thiemeyer bezeichnet die Etappe der europäischen Integration von 1945 bis 1970 als die experimentelle Phase. Der Grund für diese Benennung ist die Tatsache, dass in dieser Zeit die Idee von einer europäischen Einheit besonders in politischer Hinsicht stark an Bedeutung gewann. Es entstanden sehr viele europäische Organisationen in verschiedenen Bereichen. Ein weiterer wichtiger Aspekt dieser Phase ist, dass noch bis 1970 völlig unklar war, welche der politischen Integrationsformen sich durchsetzen

---

[10] Vgl. Zandonella (2007), S. 59.
[11] Vgl. Fokus Europa (2011).

würde. Für den Integrationsprozess entscheidend waren zwei Rahmenbedingungen. Eine Bedingung war der Kalte Krieg. Ein Brennpunkt der Konfrontation zwischen der Sowjetunion und den USA war in Europa. Infolge des Kalten Krieges vollzogen sich in Ost- und Westeuropa grundsätzlich verschiedene Integrationsprozesse. Den zweiten Rahmen der Zeit zwischen 1945 und 1970 bildete die enorme Dominanz der USA für Westeuropa, durch die der Integrationsprozess in Westeuropa in politischer und wirtschaftlicher Hinsicht stark beeinflusst wurde. Der wirtschaftliche Erfolg Westeuropas führte zugleich zu einem Konkurrenzverhältnis gegenüber den USA. Der Beginn der 70er Jahre war auch aus diesem Grund ein Wendepunkt. Folglich wurde die Gründung vieler Organisationen Westeuropas zwischen 1945 und 1955 entweder direkt oder auch indirekt von der Regierung der USA gefördert.

Der am 5. Mai 1949 gegründete Europarat war dagegen stärker von den europäischen Vorstellungen geprägt. Er verdeutlicht die Probleme, die mit der frühen politischen Integration einhergehen.[12]

Die Ausgangslage in Europa nach dem Zweiten Weltkrieg war eine historische Sondersituation. Gekennzeichnet war diese Zeit von dem Niedergang der Staaten Europas sowie der entstandenen Frontstellung zur Sowjetunion. Aus dieser Situation heraus entwickelten sich nach Weidenfeld fünf Motive, die den Antrieb der Europäer zu dem großen Projekt der europäischen Integration verdeutlichen. Dieses war von Anfang an ein Ausdruck interessengeleiteter Politik.

Tabelle 1 stellt in Anlehnung an Weidenfeld die fünf Motive und Interessen der Europäer nach dem Zweiten Weltkrieg dar.

Nach Weidenfeld sind es die Wünsche nach einem neuen Selbstverständnis, nach Frieden und Sicherheit, nach Mobilität und Freiheit, nach wirtschaftlichem Wohlstand sowie die Hoffnung nach einer gemeinsamen Macht, die die europäische Integration nach dem Zweiten Weltkrieg in Gang brachten.

Der Wunsch der Europäer nach einem neuen Selbstverständnis entstand aus der Tatsache, dass sie die mit dem Zweiten Weltkrieg verbundenen nationalistischen Verirrungen überwinden wollten. Zu diesem Zwecke sollte Europa die Möglichkeit einer neuen gemeinschaftlichen Erfahrung bieten. Die Alternative zu der abgelehnten nationalistischen Herrschaft sollte ein Europa sein, das demokratisch verfasst ist.

---

[12] Vgl. Thiemeyer (2010), S. 45ff.

Tabelle 1: Die europäische Integration nach dem Zweiten Weltkrieg

Die europäische Integration nach dem Zweiten Weltkrieg - Die fünf Motive nach Weidenfeld -				
Neues Selbstverständnis	**Sicherheit und Frieden**	**Freiheit und Mobilität**	**Wirtschaftlicher Wohlstand**	**Gemeinsame Macht**
• Europa als eine neue gemeinschaftliche Erfahrung • ein Europa, das demokratisch verfasst ist	• ein vereintes Europa zum Schutz • Europa als Friedens-gemeinschaft	• die Möglichkeit der freien Bewegung von Waren, Personen, Informationen und Meinungen	• Wirtschaftliche Stabilität in Europa • ein gemeinsamer Markt	• Zurückerlangen der gemeinsamen europäischen Macht

Quelle: Weidenfeld (2007), S. 15f.

Das zweite Motiv der Nachkriegszeit war der Wunsch der Europäer nach Frieden und Sicherheit. In diesem Sinne erhofften sich die Europäer mit einem vereinten Europa mehr Schutz vor Gefahren wie der kommunistischen Expansion. Auch die Hoffnung in Zukunft erfolgreicher im Verhindern von Kriegen zu sein, war in diesem Zusammenhang von zentraler Bedeutung. Denn die einzelnen Nationalstaaten waren nicht in der Lage, den Zweiten Weltkrieg zu verhindern. Im Großen und Ganzen sollte Europa eine Gemeinschaft des Friedens sein.

Den dritten Aspekt, der für den Antrieb der Europäer zur europäischen Integration verantwortlich war, stellt der Wunsch nach Mobilität und Freiheit dar. Dazu gehört die freie Bewegung von Waren, Personen, Informationen und Meinungen. Dieser Wunsch entstand aus den kriegsbedingten Beschränkungen, unter denen die Menschen jahrelang leiden mussten. Diese nationalen Beschränkungen bezogen sich auf den Güter- und Personenverkehr sowie auf den Kapitalverkehr.

Ein weiterer Wunsch, der sich in der Zeit nach dem Zweiten Weltkrieg bei den Menschen entwickelte, war die Hoffnung auf wirtschaftlichen Wohlstand. Dazu sollte ein gemeinsamer Markt beitragen, der den Handel fördern sollte. Ein vereintes Europa sollte auf diese Weise zu wirtschaftlicher Stabilität führen.

Den fünften Aspekt bildete in dieser Hinsicht die Erwartung an eine gemeinsame Macht.

Die Hoffnung auf das gemeinsame Zurückerlangen der Macht, die die europäischen Staaten einzeln nach zwei Weltkriegen verloren hatten, war sehr stark vertreten. Durch die politische Einigung Europas sollte die international dominierende Rolle der europäischen Nationalstaaten, die sie vor 1914 lange Zeit gespielt hatten, wiederhergestellt werden. Ein Grund dafür waren die nach dem Zweiten Weltkrieg neu herrschenden zwei Weltmächte UdSSR und USA, die neue Maßstäbe für internationale Machtgrößen den verhältnismäßig kleinen Einheiten der europäischen Nationalstaaten aufzeigten.[13]

Der erste Schritt eines vereinten Europas sollte die Bildung eines Europarats sein. Winston Churchill, einer der bedeutendsten Staatsmänner Großbritanniens, sprach bereits am 19. September 1946 von der Errichtung der „Vereinigten Staaten Europas". Diese entscheidende Orientierung drückte er in seiner berühmten Züricher Rede wie folgt aus:

„It is to recreate the European Family, or as much of it as we can, and to provide it with a structure under which it can dwell in peace, in safety and in freedom. We must build a kind of United States of Europe."[14]

Den ersten Schritt der wirtschaftlichen Integration stellte 1948 die Gründung der Organisation für europäische wirtschaftliche Zusammenarbeit (OEEC) im Rahmen des Marshallplans unter US-amerikanischer Unterstützung dar. Die OEEC sollte den Wiederaufbau in dem durch den Krieg zerstörten Europa zwischen den damaligen 18 Mitgliedsländern koordinieren und beschleunigen sowie die Verteilung der amerikanischen Hilfen aus dem Marshallplan überwachen.[15] Vor dem Hintergrund des sich verschärfenden Ost-West-Konflikts und der Etablierung des Ostblocks, wuchs das Gefühl der Bedrohung durch den Kommunismus in den westeuropäischen Staaten Europas und somit auch der Wunsch nach einer gegenseitigen Bindung, um die gefährlichen Alleingänge vereinzelter Nationalstaaten zu verhindern.[16]

Am 5. Mai 1949 wurde der Europarat gegründet, der die erste politische Zusammenarbeit der westeuropäischen Staaten darstellt. Als eine zwischenstaatliche und politische Organisation hat der Europarat das Ziel, die europäische Einheit sowie die Zusammenarbeit aller europäischen Nationalstaaten zu schützen und zu stärken. Des

---

[13] Vgl. Weidenfeld (2007), S. 15f.
[14] Churchill (1946).
[15] Vgl. OECD.
[16] Vgl. Weidenfeld (2007), S. 16.

Weiteren schuf er wichtige Strukturen für ein demokratisches Europa. Denn bereits seit seiner Gründung hat sich der Europarat für die entscheidenden Grundprinzipien der Menschenrechte, der Demokratie sowie der Rechtsstaatlichkeit eingesetzt. 1950 verabschiedete dann der Europarat die Europäische Menschenrechtskonvention, die den Schutz der Menschenrechte und Grundfreiheiten garantieren soll.[17]

Das europäische Integrationsprojekt war von Anfang an dadurch gekennzeichnet, dass es nicht nur an ein einziges Integrationsmodell gekoppelt war. Trotz der gemeinsamen Grundhaltung der europäischen Nationalstaaten entwickelten sich nach der Gründung des Europarats verschiedene Integrationsansätze, die den zwei Organisationsprinzipien des Staatenbundes sowie dem des Bundesstaates folgten. Auf diese Art und Weise konnte der Prozess der europäischen Einigung situationsbedingt an verschiedene politische Materien ansetzen, um Fortschritte erzielen zu können. Die Integration erfolgte demnach zu dieser Zeit nach den Möglichkeiten und Notwendigkeiten der Politik.

Die Initiative zur Bildung der Europäischen Gemeinschaft für Kohle und Stahl (EGKS), der heutigen Kernorganisation der EU, kam 1950 von dem französischen Außenminister Robert Schumann (Schumann-Plan). Ziel dieser Gründung war die Schaffung eines gemeinsamen Marktes für Kohle und Stahl, um eine gemeinsame Planung und Kontrolle dieses Industriezweigs zu gewährleisten. Ein bedeutendes Motiv hierfür bildete der Wunsch, endlich einen Grundstein für ein gemeinsames Europa zu legen. 1951 unterzeichneten die Vertreter von sechs Staaten den Vertrag über die EGKS, der 1952 in Kraft trat. Zu den sechs Mitgliedsstaaten gehörten Belgien, Deutschland, Italien, Frankreich, Luxemburg sowie die Niederlande. Dieser Schritt war von großer Bedeutung, da mit der Bildung des Europarats erstmals die Zuständigkeit über den zentralen Wirtschaftssektor Kohle und Stahl von der nationalstaatlichen Ebene auf eine überstaatliche (supranationale) Organisation gelang. Die funktionalistische Integrationstheorie bildete dabei die Grundlage. Laut dieser Theorie bewirkt die Integration einzelner Bereiche einen Druck, der zur Übertragung weiterer Funktionen führt, bis sich eine umfassende Union bilden lässt. Das Ziel, die Bildung einer politischen Einigung, sollte die ökonomische Integration des Wirtschaftssektors Kohle und Stahl bewirken.

Die Römischen Verträge zur Gründung der EWG und der Euratom wurden 1957 unterzeichnet. Die zentralen Pfeiler waren die Einrichtung gemeinsamer Institutionen,

---

[17] Vgl. Euro-Informationen, Berlin (2011).

die Nutzung von Atomenergie, die Vergemeinschaftung wichtiger Politikfelder (z. B. die Landwirtschaft) sowie ein gemeinsamer Markt und Freizügigkeit. Im Rahmen dieser Verträge strebten die sechs Gründerstaaten der EGKS eine Zollunion an. Das Ziel dieser Zollunion war der Abbau von Handelshemmnissen sowie ein gemeinsamer Außenzoll. Des Weiteren sah der EWG-Vertrag die Schaffung eines gemeinsamen Marktes mit freiem Kapital-, Personen- und Dienstleistungsverkehr vor. Zusätzlich musste in diesem Zusammenhang die dafür notwendige Koordinierung sowie Harmonisierung der verschiedenen Politiken vorgenommen werden. Für den Aufbau und die Entwicklung der Nuklearindustrie in den sechs Mitgliedsstaaten war Euratom verantwortlich. Der Fusionsvertrag von 1965 führte schließlich 1967 zur Integration der Organe der drei Europäischen Gemeinschaften (EGKS, EWG und Euratom), mit der wichtige Weichen für die wirtschaftliche Integration der Mitgliedsstaaten in zentralen Bereichen der Politik vorgenommen wurden.

Auf der Haager Gipfelkonferenz von 1969 wurde schließlich die Norderweiterung der damaligen EG beschlossen. Daraufhin wurden 1972 die Beitrittsverhandlungen mit Dänemark, Großbritannien, Irland, Dänemark und Norwegen abgeschlossen. Allerdings wuchs die EG Anfang der 70er Jahre von sechs auf nur neun Mitgliedsstaaten, da in einer Volksabstimmung die Mehrheit der norwegischen Bevölkerung die EG-Mitgliedschaft ablehnte.

Im Laufe der 60er Jahre hatten die intergouvernementalen Strukturen aufgrund der Krisen wieder an Bedeutung gewonnen. Schritte zur Vertiefung der EG waren nur noch möglich, wenn jeder Mitgliedsstaat das nationale Veto behielt.

Der europäische Integrationsprozess am Ende der 70 er Jahre war gekennzeichnet durch Erfolge aber auch Versäumnisse. Die EG hatte die Grundfreiheiten, die in den Römischen Verträgen verankert waren, größtenteils verwirklicht. Des Weiteren wurden zentrale Politikbereiche vergemeinschaftet, was zur demokratischen Stabilität sowie zum wirtschaftlichen Wohlstand Westeuropas beigetragen hatte. Ebenso wurden wesentliche Hindernisse bezüglich des freien Verkehrs von Waren beseitigt und auch ein gemeinsamer Zolltarif wurde eingeführt.

Allerdings erforderte Anfang der 70er Jahre die europäische Integration im Zuge der Erfüllung der Römischen Verträge weitere Maßnahmen.

Die Stagnation der institutionellen Weiterentwicklung führte zur Reform einzelner Organe sowie zur Bildung neuer Institutionen. In diesem Zusammenhang wurde 1974 der Europäische Rat gegründet, der zukünftig die Grundlinien der EG-Politik festlegen sollte.

Mit der ersten Europawahl 1979 erhielt die Bildung einer europäischen Identität eine völlig neue Perspektive, da die Bürger der damaligen neun Mitgliedsstaaten erstmals direkt die Gestaltung der Politik Europas beeinflussen konnten. Der Wille der europäischen Bürger wurde somit stärker in das Denken und auch Handeln der Akteure europäischer Politik mit einbezogen.

Auch die Zusammenarbeit im Bereich der Währungspolitik begann Anfang der 70er Jahre. Die Annäherung der Wirtschafts- und Währungspolitiken und die damit verbundene Bildung der Wirtschafts- und Währungsunion (WWU) sollte den gemeinsamen Markt unterstützen. In diesem Sinne wurde 1979 das Europäische Währungssystem (EWS) gegründet, dem das Konzept eines gemeinsamen Wechselkursmechanismus zugrunde lag. Allerdings konnte zu dieser Zeit noch kein großer Durchbruch zu einer WWU erreicht werden, weshalb das EWS aus heutiger Sicht als Vorstufe der WWU zu sehen ist.

Ein weiterer Teil der Ziele, die im Zuge des europäischen Integrationsprozesses festgelegt wurden, konnte bisher gar nicht oder nur unzureichend umgesetzt werden. Dazu gehörten die Freizügigkeit, die immer noch eingeschränkt war sowie verschiedene indirekte Steuersätze, die noch immer die Effektivität des Binnenmarktes belasteten.

In den 80er Jahren war der europäische Integrationsprozess gekennzeichnet von Krisen und Reformen. Die wirtschaftliche Situation der EG-Mitgliedsstaaten war problematisch. Die institutionelle Schwäche, die die EG aufwies, beeinflusste in dieser wirtschaftlichen Krise besonders ungünstig die Handlungsfähigkeit.[18] Aufgrund dieser Tatsache kam es 1986 zur Unterzeichnung der Einheitlichen Europäischen Akte, die eine erste Veränderung der Römischen Verträge darstellt. Mit diesem wichtigen Schritt wurde erstmals

„[...] die Europäische Union (ohne Präzisierung des Begriffes) als Ziel der Integration genannt, der Europäische Rat als Institution in einen Vertrag aufgenommen und dem Parlament größerer Einfluss auf die Gemeinschaftspolitik eingeräumt."[19]

Auf diese Art und Weise sollte die Effizienz im europäischen Entscheidungsprozess gesteigert werden.

Im Zuge dieser Entwicklungen kam es zu einer Vielzahl von Vertragsveränderungen und

---

[18] Vgl. Weidenfeld (2007), S. 16ff.
[19] Thiemeyer (2010), S. 63.

Ergänzungen. Diese wurden je nach Ort der Unterzeichnung als die Verträge von Maastricht (1993), Amsterdam (1999) und Nizza (2003) bezeichnet. Aus diesen Verträgen resultierte eine Vertiefung der Gemeinschaft.[20]

Bereits mit dem Vertrag von Maastricht wurde die europäische Integration auf eine neue Stufe gestellt. Mit der Gründung der Europäischen Union wurde das Leitbild Europas 1992 durch den Vertrag zur Gründung der EU verwirklicht. Die bisher wirtschaftlich integrierte Gemeinschaft wurde auf diese Weise zu einer politischen Union ausgebaut, der durch den neuen EU-Vertrag eine Gemeinsame Außen- und Sicherheitspolitik (GASP) sowie eine Zusammenarbeit in der Justiz- und Innenpolitik (ZJIP) zugefügt wurden. Die Umsetzung der gemeinsamen WWU war ein zentrales Ziel. 1993 wurde schließlich der europäische Binnenmarkt verwirklicht.[21]

Mit der Einführung des Euro als gemeinsames europäisches Zahlungsmittel in zwölf Mitgliedsländern erfolgte am 1. Januar 2002 ein weiterer wichtiger Schritt der europäischen Integration. Aus der Einführung des Euro resultierte die zweitgrößte Wirtschaftszone der Welt.[22]

2.3 Die Bedeutung von Vertiefung und Erweiterung im europäischen Integrationsprozess

Der europäische Integrationsprozess ist gekennzeichnet durch zwei wesentliche Bestandteile. Zum einen ist die **Vertiefung** ein Bestandteil dieses Prozesses, zu der die bisher geschilderte Übertragung der nationalen Souveränitätskompetenzen durch die EU-Staaten auf die EU gehört. Neben dieser Vertiefung des Integrationsprozesses gehört auch die kontinuierliche **Erweiterung** der Anzahl der europäischen Mitgliedsländer. Im Zuge dieser Erweiterung traten 1973 Dänemark, Großbritannien und Irland der Gemeinschaft der sechs Gründerstaaten bei. Bei den nächsten Erweiterungen wurden 1981 Griechenland sowie 1986 Spanien und Portugal in die EG aufgenommen. 1990 folgte die frühere DDR im Zuge der deutschen Wiedervereinigung. Schließlich wurden 1995 in einer weiteren Erweiterungsrunde Österreich, Finnland und Schweden aufgenommen. Diese Erweiterungen verliefen relativ unproblematisch, da diese Länder

---

[20] Vgl. Thiemeyer (2010), S. 64.
[21] Vgl. Weidenfeld (2007), S. 32ff.
[22] Vgl. Europäische Kommission (05.04.2011).

fest in die Strukturen Westeuropas eingebunden waren.

Mit der Osterweiterung von 2004 nahm die Erweiterung der EU eine ganz andere Dimension, sowohl in quantitativer als auch qualitativer Sicht, an. Insgesamt zehn Länder traten zu dieser Zeit der EU bei. Dazu gehörten die Staaten Polen, Lettland, Estland, Litauen, Malta, Slowakei, Tschechien, Slowenien, Ungarn und Zypern. Alle diese Länder haben über viele Jahre andauernde Beitrittsverhandlungen mit der EU geführt und schließlich die für den Beitritt erforderlichen Kopenhagener Kriterien erfüllt.[23] Mit dieser Erweiterung ergab sich nun die Möglichkeit, auch nach Ost- und Mitteleuropa Stabilität und Wohlstand zu bringen.

Im Jahre 2007 traten auch Bulgarien und Rumänien der EU bei. Noch bevor dieser Beitritt stattfand, wurden 2005 die Beitrittsverhandlungen mit den zwei Kandidatenländern Türkei und Kroatien aufgenommen, wobei davon auszugehen ist, dass die Verhandlungen mit Kroatien in wenigen Jahren abgeschlossen sein werden. Die Beitrittsverhandlungen mit der Türkei dagegen werden voraussichtlich noch wesentlich länger dauern.[24] Bereits seit 1963 ist die Türkei mit der EG assoziiert

„[...] und klopft seitdem an die Tür der Europäischen Union an und bittet um Einlass."[25]

Die Türkei ist dabei das erste muslimisch geprägte Land, das schon seit längerer Zeit eine Mitgliedschaft in der EU anstrebt.[26]

Im Dezember 2005 erhielt Mazedonien den Status eines Beitrittskandidaten.

2010 erfolgte der Beschluss des Europäischen Rats zur Aufnahme der Beitrittsverhandlungen mit Island.

Zurzeit zieht die EU weitere Erweiterungen in Betracht. Diese soll dann die Länder des westlichen Balkans wie Bosnien, Herzegowina, Serbien, Albanien sowie Montenegro betreffen.[27]

Im Allgemeinen soll der Erweiterungsprozess der EU für Stabilität in Europa und für Sicherheit und Wohlstand bei den Mitgliedsstaaten sorgen. Der Anreiz, den der EU-Erweiterungsprozess für wirtschaftliche sowie politische Reformen in den Kandidatenländern bietet, ist einzigartig. Das Ziel, das die EU mit diesem Prozess

---

[23] Vgl. Leiße (2009), S. 238.
[24] Vgl. EUROPA (2011).
[25] Gerhards/Hölscher (2005), S. 10.
[26] Vgl. Weidenfeld/Wessels (2007), S. 450.
[27] Vgl. EUROPA (26.05.2011).

verfolgt, ist die Verwirklichung der eigenen Ziele. Zu diesem Zweck werden die Beitrittsländer im Laufe des Erweiterungsprozesses auf europäische Standards gebracht, wodurch diese der EU bei der Umsetzung der Ziele helfen. Neben der Bewältigung der Wirtschaftskrise und der wirtschaftlichen Steuerung, zählen heute auch die Wiederherstellung von Beschäftigung und Wachstum durch die Reformagenda 2012 sowie die Stärkung der internationalen Rolle zu den Zielen der EU. Die verstärkte Integration, die mit dem EU-Erweiterungsprozess erzielt wird, trägt auf diese Weise zur Umsetzung dieser Vorhaben bei.

Zusätzlich muss die Erweiterung ein glaubwürdiges Ziel bleiben. Daher ist es von großer Bedeutung, dass die Kandidatenländer wissen, welche entsprechenden Bedingungen sie erfüllen müssen, um eine klare Beitrittsperspektive zu haben. Bereits auf dem Weg zum EU-Beitritt sollen diese konkrete Ergebnisse sehen. In Anbetracht dieser Tatsachen ist es daher von großer Bedeutung, dass die Beitritte durch die Verwendung strenger Auflagen gut vorbereitet werden. Die Erweiterung kann nur dann ein Erfolg werden, wenn alle Beteiligten ihre politische Entschlossenheit unter Beweis stellen.[28]

2.4 Die Erfordernisse einer Mitgliedschaft in der EU

Die bisher geschilderte Erweiterungspolitik der EU ist eines der wichtigsten und gleichzeitig auch erfolgreichsten Instrumente der Außen- und Sicherheitspolitik. Die zunehmende Bedeutung der EU sowie die enorme Anziehungskraft werden durch die Anzahl der bisher stattgefundenen Erweiterungsprozesse deutlich. Immer mehr Staaten streben eine Mitgliedschaft in der EU an.[29]

In Anbetracht dieser Entwicklungstendenz stellt sich nun die Frage, welche Kriterien und Erfordernisse die EU für die Aufnahme an die Beitrittskandidaten stellt. Anhand welcher Faktoren bewertet die EU die Integrierbarkeit eines Staates?

Zu den Faktoren, die für eine Bewertung der Integrierbarkeit eines Staates in die EU von Bedeutung sind, gehören zum einen die wirtschaftliche Anpassung an die Standard der Mitgliedstaaten, die Anwendung von EU-Politik und Recht sowie die Einbindung des Staates in die Institutionsordnung der EU. Die Werte der EU ergeben sich aus dem Recht,

---

[28] Vgl. Europäische Kommission (09.11.2010).
[29] Vgl. Weidenfeld/Wessels (2007), S. 120.

das der EU zugrunde liegt.[30] Das europäische Recht, das in der Verfassung der Europäischen Union verankert ist, spielt in diesem Zusammenhang eine zentrale Rolle, da es sich hierbei um rechtsverbindliche Verträge handelt, die für alle Kandidatenländer gleich sind.

Der EG liegt seit ihrer Gründung

„[...] das Konzept der offenen Organisation zugrunde [...]".[31]

Das bedeutet, dass jeder europäische Staat die Möglichkeit hat, ein Mitglied in der EU zu werden, wobei die geografische Lage des Staates keine Voraussetzung darstellt und in Grenzfällen auch strittig ist. Einzige Ausnahme war in diesem Fall 1987 der Beitrittsantrag Marokkos, der aufgrund der geografischen Lage zurückgewiesen wurde. Nach der Amsterdamer Vertragsrevision ist der Beitritt an die Werte der EU gebunden.[32] Diese sind in der Verfassung der EU verankert und sind in Art. I-2 des Vertrags über die Verfassung Europas zu finden:

„Die Werte, auf die sich die Union gründet, sind die Achtung der Menschenwürde, Freiheit, Demokratie, Gleichheit, Rechtsstaatlichkeit und die Wahrung der Menschenrechte einschließlich der Rechte der Personen, die Minderheiten angehören. Diese Werte sind allen Mitgliedsstaaten in einer Gesellschaft gemeinsam, die sich durch Pluralismus, Nichtdiskriminierung, Toleranz, Gerechtigkeit, Solidarität und die Gleichheit von Frauen und Männern auszeichnet."[33]

Ebenso besteht die Notwendigkeit, dass die Mitgliedsstaaten sowie die Gemeinschaft eine Wirtschaftspolitik betreiben, deren Grundlage eine offene Marktwirtschaft mit freiem Wettbewerb ist. Diese ist in Artikel 4 (1) des EGV festgelegt. Die genannten Anforderungen an die Beitrittsländer fasste die EU schließlich in Vorbereitung auf die damalige Osterweiterung 1993 auf dem Gipfeltreffen in Kopenhagen in einem Kriterienkatalog zu den sogenannten Kopenhagener Kriterien zusammen.[34]

Die Kopenhagener Kriterien sind für alle Beitrittskandidaten gleich. Sie sind rechtsverbindlich und sind in den Gemeinschaftsverträgen der EU fest verankert.[35]

---

[30] Vgl. Yeşilyurt (2000), S. 281.
[31] Weidenfeld/Wessels (2007), S. 121.
[32] Vgl. ebd., S. 121.
[33] Läufer (2007), S. 34.
[34] Vgl. Weidenfeld/Wessels (2007), S. 121f.
[35] Vgl. Zeh (2009), S. 72f.

Seit dieser Festlegung werden die drei Kopenhagener Kriterien als Voraussetzung für den EU-Beitritt bei jedem Antrag geprüft:

- **Politisches Kriterium:**
  die Stabilität der Institutionen sowie der Demokratie und Rechtsstaatlichkeit, Wahrung der Menschenrechte und der Schutz von Minderheiten

- **Wirtschaftliches Kriterium:**
  eine funktionierende Marktwirtschaft, die dem Wettbewerbsdruck und den Marktkräften in der EU standhalten kann

- **Acquis-Kriterium:**
  die verpflichtende Übernahme aller Rechte und Pflichten der EU-Mitgliedschaft, die sich aus der Politik der EU, dem Acquis communautaire, ergeben sowie die Übernahme der Ziele der Politischen Union und der Wirtschafts- und Währungsunion[36]

Die Kopenhagener Kriterien bieten ein stabiles sowie immer wieder verfeinertes Prüfraster. Des Weiteren haben diese zu einem objektiven und transparenten Bewertungsverfahren beigetragen.[37]

Ein viertes Kriterium, das besonders mit der steigenden Mitgliederzahl immer wichtiger wird, ist die Fähigkeit der EU, neue Mitglieder aufzunehmen, ohne dass dabei die Dynamik der europäischen Integration verloren geht. Die Integrationsfähigkeit der EU hat aus diesem Grunde im Verhandlungsrahmen für die Türkei und Kroatien und auch in den Schlussfolgerungen des Europäischen Rates vom Juni 2006 an Bedeutung gewonnen. Dieses vierte Kriterium stellt allerdings keine Bedingung dar, das die Beitrittskandidaten erfüllen müssen. Vielmehr handelt es sich hierbei um eine innenpolitische Angelegenheit der EU. In Luxemburg legte der Europäische Rat bereits 1997 fest, dass das politische Kriterium von Kopenhagen die Voraussetzung zur Aufnahme der Beitrittsverhandlungen ist. Aufgrund einer mangelhaften politischen Beitrittsreife wurde bisher in nur wenigen

---

[36] Vgl. Auswärtiges Amt (2009).
[37] Vgl. Lippert (2003), S. 10.

Fällen (1989 Türkei; 1997, 1999 und 1997 Slowakei) die Eröffnung der Beitrittsverhandlungen abgelehnt.[38]

Die wirtschaftlichen Kriterien dagegen sowie die vollständige Übernahme des Besitzstandes der EU (Acquis communautaire) sind eher zukunftsorientiert und dynamisch zu betrachten.[39] Wie die Erfahrungen der bisherigen Erweiterungen deutlich gemacht haben, wird das Acquis-Kriterium zum Zeitpunkt des Beitritts oft nur eingeschränkt erfüllt. Diesbezüglich gibt es eine Vielzahl an Übergangszeiten und Regelungen.[40]

Allerdings ist an dieser Stelle auch anzumerken, dass aus der Erfüllung der genannten Kriterien kein Rechtsanspruch auf eine EU-Mitgliedschaft resultiert. Vielmehr ist die Frage des Beitritts, wann diese Prinzipien als hinreichend erfüllt angesehen werden können, eine politische Entscheidung, die im Ermessen der EU sowie ihrer Mitgliedsstaaten liegt. Entscheidend sind in diesem Zusammenhang die europapolitischen Leitbilder für die zukünftige Entwicklung der EU sowie außen- und sicherheitspolitischen Kriterien.[41]

---

[38] Vgl. Weidenfeld/Wessels (2007), S. 122.
[39] Vgl. Auswärtiges Amt (2009).
[40] Vgl. Lippert (2003), S. 10.
[41] Vgl. Lippert (2006), S. 56.

3 Die Annäherung der Türkei an die EU: Der Prozess der Beitrittsverhandlungen

Die Geschichte der Türkei im Rahmen ihrer Annäherung an die EU ist in diesem Kapitel von Bedeutung. Die lange Entwicklungsgeschichte der Türkei bis hin zum Prozess der Europäisierung bildet entscheidendes Grundwissen für diese Studie und die Beurteilung der Fortschritte der Türkei. Anhand der Darstellung dieser gemeinsamen Geschichte werden auch die Beziehungen zwischen der Türkei und der EU deutlich.

Die Beziehungen zwischen der Türkei und der EU sind seit dem Abschluss des Assoziationsvertrages 1963 durch einen häufigen Wechsel von Fort- und Rückschritten gekennzeichnet.[42] Die Verhandlungen mit der Türkei nehmen dabei in der Geschichte der EU-Erweiterungen eine Sonderstellung ein, denn

„[...] Keines der heute 25 Mitglieder der EU hatte einen solch lang andauernden Prozess vor der eigentlichen Mitgliedschaft zu durchlaufen wie die Türkei. "[43]

1959 bewarb sich die Türkei um eine Mitgliedschaft in der Europäischen Wirtschaftsgemeinschaft (EWG), da sie bereits seit 1949 Mitglied des Europarates ist. Das sogenannte Ankara-Abkommen, ein Assoziierungsabkommen, wurde 1963 zwischen der EWG und der Türkei geschlossen. Auch eine Mitgliedschaft stellte dieser Vertrag der Türkei erstmals in Aussicht. Am Ende dieser Vorbereitungsphase sollte die Zollunion folgen. Damit einher geht die spätere potenzielle türkische Mitgliedschaft in der EG, der damaligen Europäischen Gemeinschaft.

Als assoziiertes Mitglied trat die Türkei 1992 der Westeuropäischen Union (WEU) bei. Zum ersten Mal wurde so am 1. Januar 1996 zwischen einem Nichtmitglied der EU und der Europäischen Union die sogenannte Zollunion herbeigeführt. Das europäische Wirtschaftsrecht gilt seit diesem Zeitpunkt in der Türkei. Die eigenen Handelsbeziehungen mit Nicht-EU-Ländern hat Ankara seither anzupassen. Die Türkei sieht sich jedoch stark benachteiligt, da ihr ein Mitspracherecht in Brüssel verwehrt blieb, selbst wenn es um Handels- und Wirtschaftsfragen ging.

Auf dem EU-Gipfel in Luxemburg wurde im Dezember 1997 entschieden, dass für sie ein Beitritt denkbar wäre, obgleich die damalige EG 1989 einen Antrag auf eine

---

[42] Vgl. Kramer (2007), S. 3.
[43] Keskin (2006), S. 69.

Vollmitgliedschaft der Türkei noch zurückgewiesen hatte. Als 1998 auf dem Gipfel entschieden wurde, Beitrittsverhandlungen mit Slowenien, der Tschechischen Republik, Estland, Polen, Ungarn und Zypern in Gang zu setzen, kam dies einer Brüskierung der türkischen Regierung gleich. Daraufhin war der damalige türkische Ministerpräsident Mesut Yilmaz derart verärgert, dass er den Abbruch der EU-Gespräche verkündete.[44]

Den Status als Beitrittskandidat bekam die Türkei offiziell am 11. Dezember 1999 im Rahmen des Helsinki-Beschlusses zugewiesen. In den Beziehungen zur Europäischen Union bildete dieser Beschluss einen Wendepunkt, da der politische Dialog mit der Union auf dem Luxemburger Gipfel zuvor abgebrochen wurde. Die Beziehungen konnten sich dadurch intensivieren, dass die Türkei nun den Status als Kandidat für die Vollmitgliedschaft zugewiesen bekam. Hierdurch wurde ein ehrlicher und offener Dialog, auch über Kritikpunkte, ermöglicht. Dieser gründete auf der offiziellen Gleichstellung mit den übrigen Beitrittskandidaten. Probleme und Reibungspunkte gab es unter anderem im bilateralen Verhältnis zum Nachbarland Griechenland, da im Rahmen der Zypern-Frage immer noch Unstimmigkeiten bestehen blieben. Beide Länder erheben gleichermaßen ihre Ansprüche auf die geteilte Insel. Auch die Verstrickung des damaligen griechischen Außenministers Pangalos bei der Flucht des PKK-Führers Öcalan nach Kenia sorgte für Spannungen. Die Anerkennung des Völkermords an den Armeniern im Ersten Weltkrieg und die Forderung der Enttabuisierung dieses Themas auch innerhalb der Türkei seitens der EU ist ein weiterer wichtiger Punkt.[45]

Im Dezember 2004 sollte über die Aufnahme von Beitrittsverhandlungen entschieden werden; dies beschloss die EU auf dem Kopenhagener Gipfel von 2002. Die Voraussetzung dafür war jedoch die Erfüllung der politischen Bedingungen auf Grundlage der Kopenhagener Kriterien. Die Grundlage für den Sinneswandel der Europäischen Union war die umfassende Neuausrichtung des Zivilrechts in der Türkei. Bereits zwischen 1999 und 2002 wurde unter Bülent Ecevit eine Zivilrechtsreform forciert, welche eine Verbesserung der rechtlichen Stellung der Frau vorsah. Darüber hinaus wurde das Demonstrations- und Versammlungsrecht und somit die Freiheits- und Menschenrechte gestärkt.

Des Weiteren nahm die Regierung der Adelet ve Kalkinma Partisi (AKP) bei ihrem Amtsantritt im Jahre 2002 unter Ministerpräsident Recep Tayyip Erdogan eine Reihe von Gesetzesverbesserung vor. Diese umfassten unter anderem Maßnahmen gegen die

---

[44] Vgl. Düzgit/Keyman (2010), S. 83ff.
[45] Vgl. Şen (2001), S. 27ff.

Unterdrückung der kurdischen Minderheit, wie z. B. den freien Gebrauch des Kurdischen in Form von Kurdischunterricht oder die Genehmigung für kurdische Fernseh- und Hörfunkkanäle. Auch das Ende der Straffreiheit für Polizisten, ein Folterverbot sowie die Abschaffung der Todesstrafe auch in Kriegszeiten waren von diesen Gesetzesänderungen betroffen.

Im Jahre 2005 wurden die Beitrittsverhandlungen deshalb wieder aufgenommen. Hierfür trafen sich die 25 Botschafter der EU-Staaten am 29. September 2005 in Brüssel, sodass für die Beitrittsverhandlungen am 3. Oktober weitere Verhandlungsziele festgelegt werden konnten. Kritische Stimmen kamen zu diesem Zeitpunkt vor allem aus Österreich und von dem dänischen Premier Rasmussen. Bedenken gab es dahingehend, ob die EU einen Türkei-Beitritt verkraften könne, sodass alternativ die privilegierte Partnerschaft als Alternative zur Vollmitgliedschaft diskutiert wurde. Auf einen gemeinsamen Rahmentext konnten sich alle 25 europäischen Außenminister am 3. Oktober 2005 dennoch einigen. Der Hauptsatz umfasste die zentrale Aussage, dass das gemeinsame Ziel der Verhandlung die Mitgliedschaft sei. Am Ende der Beitrittsverhandlungen nach zirka zehn bis fünfzehn Jahren wird die Aufnahme unter dem Hintergrund geprüft, ob die EU den Beitritt auch politisch und wirtschaftlich verkraften kann. Somit reicht die Erfüllung der Beitrittskriterien nicht aus.

Erweiterungskommissar Günter Verheugen bescheinigte der Türkei am 9. November 2005 zwar wirtschaftliche und politische Fortschritte, kritisierte jedoch immer noch den dortigen Schutz vor Minderheiten, die Lage der Menschenrechte und die Einschränkung der Meinungsfreiheit.

Ein von der EU unabhängiger Reformplan zur Erfüllung der Beitrittskriterien wurde am 10. Januar 2007 durch den Staatsminister für die EU, Ali Babacan, dem heutigen Staatspräsident Abdullah Gül sowie dem damaligen türkischen Außenminister beschlossen. Darüber hinaus waren alle Vertreter der zuständigen Ministerien beteiligt. Es ging vor allem um die Kapitel Justiz und Grundrecht sowie das Kapitel Freiheit und Sicherheit. Diese Kapitel sollten bis Oktober 2009 abgearbeitet worden sein. Die weiteren Kapitel bekamen ein Zeitfenster bis 2013 vorgegeben. Für das Erreichen dieser Ziele konnten neue Gesetze verabschiedet oder alte geändert werden.

Zu Beginn des Jahres 2008 gab es jedoch ein Verbotsverfahren gegen die AKP, welches der Generalstaatsanwalt Abdurrahman Yalcinkaya aufgrund des mutmaßlichen Versuchs, die säkulare Grundordnung der Türkei zu unterwandern, eröffnete. Ein Beschluss zur Abschaffung des Kopftuchverbots für Studentinnen durch das türkische

Parlament mit den Stimmen der AKP und MHP war diesem Verbotsverfahren vorausgegangen. Dies hatte zur Folge, dass sich die Zustimmung seitens der türkischen Bevölkerung gegenüber dem EU-Prozess wieder verbesserte.[46]

Anlässlich ihrer Besuche in Brüssel Anfang 2009 haben Ministerpräsident Erdogan und Staatspräsident Gül noch einmal die Entschiedenheit der Türkei zur Fortführung des EU-Beitritts und des Reformprozesses mit Nachdruck unterstrichen.

Bei einem Staatsbesuch in Ankara sprach sich Angela Merkel im März 2011 jedoch gegen einen EU-Beitritt der Türkei aus; sie bevorzuge eine privilegierte Partnerschaft. Ihre Position bekräftigte Merkel beim Besuch des Staatspräsidenten Gül im September 2011 mit den folgenden Worten:

„Wir wollen die Vollmitgliedschaft der Türkei nicht. [...] Aber wir wollen die Türkei als wichtiges Land nicht verlieren."[47]

Begründet wurde dies auch unter der Annahme des Entwicklungsministers Dirk Niebel (FDP), welcher der Türkei die momentane Beitrittsfähigkeit absprach und die Aufnahmefähigkeit durch die EU noch nicht gegeben sah und zeitgleich einen freiwilligen Verzicht Ankaras auf die EU-Vollmitgliedschaft anregte. Begründet wurde dies dahingehend, dass die Größe der Türkei Europa momentan überfordern würde.

---

[46] Vgl. Düzgit/Keyman (2010), S. 83ff.
[47] FOCUS Online (2011), im Interview mit: Angela Merkel.

4 Die Kopenhagener Kriterien: Die Integrationsreife der Türkei

In diesem Kapitel geht es darum, die erste Diskussionsebene der Frage nach der Integrierbarkeit der Türkei in die EU darzustellen. Im Mittelpunkt dieser ersten Diskussionsebene steht die Bewertung der Beitrittsreife der Türkei. Wenn die EU die Beitrittsreife der Bewerber bewertet, legt sie die Kopenhagener Kriterien zugrunde, die als Beitrittskriterien das Integrationsniveau der Gemeinschaft schützen sollen. Zeh fügt diesem Aspekt hinzu, dass die Beitrittskriterien einen Maßstab im Rahmen einer Abwägungsentscheidung bilden.[48] Besonders bei der Frage um die Mitgliedschaft der Türkei spielt das Verhältnis zwischen Europa und der Türkei eine zentrale Rolle. Ist die Türkei bezüglich der Kopenhagener Kriterien näher an Europa herangerückt? Hierzu gehören die politischen und wirtschaftlichen Beitrittskriterien sowie auch die kulturellen und sozialen Aspekte. Um dieses Verhältnis untersuchen zu können, wird in diesem Kapitel der Studie die Erfüllung der Kopenhagener Kriterien durch die Türkei im Mittelpunkt stehen. Es werden die Zustände in der Türkei dargestellt sowie die Maßnahmen, die die Türkei seit dem Beschluss von Helsinki zur Erfüllung der Kriterien unternommen hat. Auf diese Weise soll auch die Beitrittsreife der Türkei dargestellt werden. Die Europäische Kommission legt seit 1998 in regelmäßigen Abständen Berichte über den Fortschritt des Beitrittslandes Türkei vor. Somit liegt der Debatte zur Beurteilung der ersten Diskussionsebene ein sachlicher Maßstab zugrunde.[49] Diese Fortschrittsberichte sind für alle Kandidatenländer und somit natürlich auch für die Türkei, ein bedeutender Leitfaden. Dieser gibt an, welche Schritte von der Türkei im Hinblick auf den angestrebten EU-Beitritt noch zu erledigen sind und auch einen Zeitplan, der über den Fortgang des Erweiterungsprozesses in den nächsten zwölf Monaten berichtet.[50] Die ökonomischen Defizite der Türkei sind gravierend. Doch nach Ansicht der EU sind es vor allem die politischen Hindernisse, die die Beitrittsverhandlungen mit der Türkei bisher scheitern ließen.[51] Im folgenden Kapitel soll nun der derzeitige Entwicklungsstand der Türkei bezüglich der Kopenhagener Kriterien dargestellt werden sowie die Probleme, die in diesem Bereich bestehen. Die zentrale Frage in diesem Kapitel beschäftigt sich mit den Auswirkungen der

---

[48] Vgl. Zeh (2009), S. 72.
[49] Vgl. Cremer/Hippler (2004), S. 1f.
[50] Vgl. Friedrich (2010), S. 7.
[51] Vgl. Guzmán (2010), S. 6.

Kopenhagener Kriterien auf den EU-Beitritt der Türkei. Es soll verdeutlicht werden, inwiefern sich die Erfüllung bzw. Nichterfüllung dieser Kriterien auf den angestrebten EU-Beitritt auswirkt und welche Kriterien bei dieser Entscheidung eine besonders große Rolle spielen.

4.1 Die wirtschaftlichen Kriterien

Die weltweite Finanz- und Wirtschaftskrise hat auch die türkische Wirtschaft schwer getroffen und führte zu schweren Verlusten. Allerdings erholte sich diese wieder recht schnell und hat zahlreiche Reformen eingeleitet. Folglich hat die Türkei seit dem Jahr 2009 wieder hohe Wachstumsraten zu verzeichnen. [52] Nach Hoffmann, dem Korrespondenten der Deutschen Presse-Agentur in Istanbul, hat die Türkei im ersten Quartal des letzten Jahres sogar optimistische Prognosen mit einem Wirtschaftswachstum von insgesamt 11,7 Prozent übertroffen. Die Türkei verzichtete sogar auf ein Kreditprogramm. Im Gegensatz dazu mussten sich andere Staaten in der weltweiten Wirtschaftskrise um finanzielle Unterstützung des Internationalen Währungsfonds bemühen. Deutschland ist dabei der wichtigste Wirtschaftspartner der Türkei, weshalb die deutsche Wirtschaft ein großes Interesse an einer noch engeren Anbindung der Türkei hat. Diese bietet diesbezüglich einen besseren Zugang für Geschäfte mit Asien und dem Nahen Osten.[53]

Des Weiteren erfolgte in der Türkei ein Anstieg des Handels- und Leistungsbilanzdefizits, eine Zunahme des Inflationsdrucks sowie ein Rückgang der Arbeitslosigkeit, die jedoch noch immer weit über dem Stand vor der Krise liegt. Die Kommission geht weiterhin davon aus, dass die Arbeitslosigkeit auch weiterhin hoch bleibt. Den Grund für diese Annahme sieht sie in demografischen Faktoren. Auch das Missverhältnis zwischen den angebotenen und nachgefragten Qualifikationen auf dem Arbeitsmarkt spielt in diesem Zusammenhang eine bedeutende Rolle.

Mit Hilfe der Strategie für die Rücknahme der Krisenbewältigungsmaßnahmen soll ein starkes und nachhaltiges Wirtschaftswachstum erreicht werden. Mit dem Ziel der deutlichen Verbesserung der Haushaltslage wurden in der Türkei finanzpolitische

---

[52] Vgl. Europäische Kommission (09.11.2010), S. 45.
[53] Vgl. Hoffmann (2010), S. 10.

Rahmenvorschriften aufgestellt. Die Strukturreformen führten zu unterschiedlichen Fortschritten. Doch die Kommission rechnet in diesem Zusammenhang in der Türkei mit einer Beschleunigung des Reformtempos aufgrund der niedrigen Realzinsen und der verbesserten Wirtschaft. Auf diese Weise bleibt die Handels- und Wirtschaftsintegration mit der EU nach Ansicht der Kommission auf einem hohen Niveau.

Was den freien Warenverkehr angeht, so lässt sich anhand der Mitteilung der Kommission über die wichtigsten Herausforderungen für die Jahre 2010-2011 feststellen, dass die Rechtsangleichung der Türkei an die EU weit fortgeschritten ist. Allerdings wird der freie Warenverkehr weiterhin durch technische Handelshemmnisse wie Schranken behindert.

Im Bereich der Wettbewerbspolitik setzt die Türkei die Wettbewerbsregeln wirksam um und auch die Angleichung bei den Kartellvorschriften befindet sich auf einem hohen Stand. Darüber hinaus stellt auch die Verabschiedung eines Gesetztes zur Schaffung einer Aufsichtsbehörde für staatliche Beihilfen einen wichtigen Beitrag zur Wettbewerbspolitik dar.[54]

Insgesamt bewertet die Kommission im Zusammenhang der wirtschaftlichen Kriterien die Türkei zurzeit wie folgt:

„[...] die Türkei [ist]eine funktionierende Marktwirtschaft[...]. Das Land dürfte mittelfristig in der Lage sein, dem Wettbewerbsdruck und den Marktkräften in der Union standzuhalten, sofern es sein umfassendes Strukturreformprogramm fortsetzt. "[55]

Und auch Hoffmann urteilt in diesem Zusammenhang äußerst optimistisch:

„Wirtschaftlich geht es in dem 72-Millionen-Staat aufwärts. "[56]

Für die Aufnahme der Beitrittsverhandlungen mit der Türkei stellte die Erfüllung der wirtschaftlichen Kriterien keine Voraussetzung dar. Allerdings sollten bereits Schritte in dieser Richtung erfolgt sein, wie es die Türkei zum Zeitpunkt der Aufnahme der Beitrittsverhandlungen vorzuweisen hatte.

Insgesamt ist aber davon auszugehen, dass die vollständige Erfüllung der wirtschaftlichen Kriterien noch viele Jahre in Anspruch nehmen wird, denn trotz dieser

---

[54] Vgl. Europäische Kommission (09.11.2010), S. 45ff.
[55] Ebd., S. 46.
[56] Hoffmann (2010), S. 10.

enormen Fortschritte, die die Türkei in den letzten Jahren im Bereich der Wirtschaftsentwicklung zu verzeichnen hat, bleibt der wirtschaftliche Abstand zwischen der Türkei und der EU bestehen. Nach Riemer ergeben sich aus dieser Tatsache weit reichende Konsequenzen, zu denen die Forderung nach Übergangsregelungen gehört, die den Verhandlungsverlauf bestimmen kann. Aber auch Sonderregelungen bei der Integration in die EU-Politik können sich als Konsequenzen ergeben und den Zeitpunkt des Beitritts bestimmen.[57] Bei den Beitrittsverhandlungen mit der Türkei wird in diesem Sinne eine Verhandlungsstrategie, die Drei-Säulen-Strategie, auf die in Kapitel 4.2.4 dieses Buches noch näher eingegangen wird, angewandt, um weitere Reformen in der Türkei einzuleiten und die Integration in die EU-Strukturen zu fördern. Auf diese Weise soll der Abstand zwischen der Türkei und der EU verringert werden.

4.2 Die politischen Kriterien: Weichenstellung für die Entscheidung über den EU-Beitritt der Türkei

Die allgemeine Integrationsfähigkeit eines Beitrittskandidaten muss erst zum Zeitpunkt des Beitritts vollständig erreicht sein. Die wirtschaftlichen Kriterien sowie das Acquis-Kriterium müssen erst zu diesem Zeitpunkt erfüllt sein. Anders sieht es dagegen mit der Erfüllung der politischen Kriterien aus. Diese müssen bereits vor dem Beginn der Beitrittsverhandlungen erfüllt werden. Die EU verdeutlicht auf diese Weise ihren Anspruch,

„[...] eine Union auf der Grundlage gemeinsamer demokratischer Werte zu sein, die sie etwa in der Präambel und in Artikel 6 des Vertrages über die Europäische Union (EUV) ausformuliert hat."[58]

Besonders im Beitrittsprozess der Türkei spielen diese politischen Kriterien eine zentrale Rolle, da es bisher immer wieder zu deutlicher Kritik seitens der EU aufgrund der politischen Verhältnisse in der Türkei gekommen ist. Zu den Kritikpunkten zählen vor allem die Verletzung der Menschenrechte in der Türkei sowie der Meinungsfreiheit, eine mangelhafte Ausbildung der türkischen Demokratie und zusätzlich auch die Anwendung

---

[57] Vgl. Riemer (2006), S. 24f.
[58] Kramer (2002), S. 8.

von Gewalt und Folter durch staatliche Ordnungsorgane.

In Helsinki beschloss 1999 der Europäische Rat neben der Anwendung der Kopenhagener Kriterien, die für alle Beitrittskandidaten gleich sind, auch die Erfüllung weiterer politischer Bedingungen durch die Türkei. Diese ergeben sich aus der besonderen Lage der Türkei sowie ihrer bisherigen Beziehungen zur EU. Eine Lösung der Zypernfrage steht hierbei ebenso im Mittelpunkt wie die Behebung des Konflikts zwischen der Türkei und dem EU-Mitglied Griechenland.[59] Des Weiteren formulierte der Europäische Rat diverse Maßnahmen, mit denen die Gleichstellung der Türkei mit den anderen Kandidatenländern verdeutlicht werden sollte. Eine Maßnahme stellte die Beitrittspartnerschaft dar, die für die Türkei eines der wichtigsten Instrumente für die Vorbereitung des Beitritts darstellt. Diese

„[...] zielt darauf ab, den türkischen Behörden bei der Erfüllung der Beitrittskriterien zu helfen. Ihr Schwerpunkt liegt auf den politischen Kriterien. Sie umfasst eine ausführliche Beschreibung der Prioritäten für die Vorbereitung des Landes auf den Beitritt, die insbesondere die Umsetzung des gemeinschaftlichen Besitzstands betreffen [...]".[60]

In diesem Sinne wurden Mechanismen geschaffen, mit denen die EU, neben der Einhaltung der Beitrittspartnerschaft, auch die Einhaltung des nationalen Programms kontrollieren kann. Die Europäische Kommission bewertet diesbezüglich in regelmäßigen Abständen die Fortschritte der Türkei mit einem Fortschrittsbericht, in dem sie zusätzlich auch die Bereiche nennt, in denen noch größere Änderungen und Anpassungen unternommen werden müssen, um die Beitrittskriterien sowie die Übernahme und Umsetzung des gemeinschaftlichen Besitzstandes zu erfüllen.[61] Das folgende Kapitel soll den Stand der Verwirklichung der politischen Integration der Türkei verdeutlichen und den Grundrechtsstandards der EU gegenüberstellen.

Zusätzlich werden vorhandene Defizite in diesem Bereich aufgezeigt, um auf diese Weise den verbleibenden Reformbedarf zu verdeutlichen, der bis zur vollen Erfüllung der EU-Beitrittskriterien besteht. Als konkrete Problemfelder der türkischen Demokratie haben sich vor allem die politische Rolle des Militärs, die Lage der Meinungsfreiheit sowie die Menschenrechte und der Minderheitenschutz in der Türkei ergeben. Die Diskussion über die Lage der Demokratie in der Türkei beschränkt sich auf die genannten

---

[59] Vgl. ebd.
[60] EUROPA (29.05.2008).
[61] Vgl. ebd.

Aspekte.

Zur Ermittlung des aktuellen Standes der Entwicklung der politischen Grundrechte in der Türkei wurden vor allem Länderberichte der Menschenrechtsorganisation Amnesty International über die Türkei sowie die Mitteilung der Europäischen Kommission an das Europäische Parlament und den Rat über die wichtigsten Herausforderungen für das Jahr 2010-2011 ausgewertet.

4.2.1 Zur Lage der Demokratie in der Türkei

Die Errichtung einer demokratischen Staatsform ist eine der wichtigsten Bedingungen, die ein EU-Beitritt bezüglich der politischen Kriterien von den Beitrittskandidaten erfordert. Besonders wichtig ist hierbei das Verhältnis zwischen der Demokratie und den Menschenrechten,

„[...] denn es besteht kein Zweifel, dass die Menschenrechte nur in einem demokratisch geführten Land gesichert werden können. Wenn in einem Land eine schwache Demokratie existiert, bedeutet das, dass auch die Basis der Menschenrechte nicht sicher ist."[62]

Auf diesem Hintergrund werden im Folgenden die Probleme von Demokratie und Menschenrechten in der Türkei anhand der Darstellung einiger politischer Tatsachen untersucht, die in der Türkei den größten Einfluss auf den Prozess der Demokratisierung ausüben. Zu den beiden zentralen Faktoren gehört zum einen die politische Rolle des türkischen Militärs, zum anderen ist hierbei auch die Lage der Meinungsfreiheit in der Türkei entscheidend.

4.2.1.1 Die politische Rolle des Militärs

Die politische Rolle des Militärs in der Türkei stellt eines der größten Probleme der türkischen Demokratie dar. In allen demokratischen Ländern sowie in den Verfassungen der EU-Länder ist das Militär eine Einrichtung, die der zivilen Autorität unterstellt ist.

---

[62] Sabuncu (2001), S. 141.

Der direkte Einfluss des Militärs auf die Innen- und Außenpolitik ist in der Regel nicht sichtbar. Im Gegensatz dazu sind der Nationale Sicherheitsrat (MGK) und die in den Staatssicherheitsgerichten (DGM) tätigen Offiziere von entscheidender Bedeutung für das türkische Militär. Mit Hilfe dieser Einrichtungen kann das Militär in der Türkei seinen Einfluss auf die Regierung und das Strafrecht ausüben.[63]

Die Zustimmung für das Militär ist in der Türkei überaus positiv. Die Mehrheit der türkischen Bevölkerung vertraute 1991 noch mehr dem Militär als dem parlamentarischen System. Dieser Einfluss, den das türkische Militär auch heute noch auf die Politik ausübt, begann bereits zur Zeit des Osmanischen Reiches. Die Armee war ein bedeutendes Instrument der damaligen staatlichen Politik. Mit ihr wurde die Errichtung des türkischen Nationalstaates ermöglicht. Auch Mustafa Kemal Atatürk, der Gründer der Türkischen Republik, gehörte dem Militär an.[64] Seitdem wird die Armee als die „Republikgründerin"[65] angesehen. Eine legale Basis der politischen Funktion hat sich das Militär durch Veränderungen der türkischen Verfassung nach der Einführung des Mehrparteiensystems im Jahre 1950 gesichert. Des Weiteren hat es seitdem mehrfach die Macht in der Türkei übernommen.[66] Die Modernisierungsschübe, die der türkische Staat mit den von Atatürk durchgesetzten Reformen (1923 bis 1934) erhielt, wurden von der militärischen Elite gefördert. Diese ruhmreiche Stellung, die das Militär in der Vergangenheit erhalten hatte, wird weiterhin im Bewusstsein der türkischen Bevölkerung aufrechterhalten. Denn auch heute noch lehren die türkischen Offiziere in den Militärakademien ihre Überzeugung, sie seien die zentralen Verantwortungsträger des Kemalismus und die Hüter der Türkischen Republik.

Die allgemeine Wehrpflicht spielt diesbezüglich ebenfalls eine zentrale Rolle in der Türkei, da sie zwischen der Armee und der türkischen Gesellschaft integrierend wirkt. Diese Tatsache ist darauf zurückzuführen, dass bei der Einberufung für alle Wehrpflichtigen dasselbe Verfahren angewendet wird. Der soziale oder ökonomische Status des Wehrpflichtigen spielt hierbei keine Rolle. Dieser Aspekt ist für die türkische Bevölkerung von zentraler Bedeutung. Das Militär stellt auf diese Weise für die Gesellschaft eine Institution dar, durch die der türkische Nationalismus realisiert werden kann. Das Militär ist eine der wenigen Institutionen in der Türkei, die alle sozialen Unterschiede auflöst und in der Bestechung und Korruption kaum von Bedeutung sind.

---

[63] Vgl. San (2001), S. 176f.
[64] Vgl. Yeşilyurt (2000), S. 186.
[65] Sezer (2007), S. 27.
[66] Vgl. Alpay (2009), S. 9.

Ein weiterer Aspekt, der mit der Solidarität der türkischen Armee in Verbindung steht, ist die Ausbildung von jungen Männern in den unterentwickelten Regionen der Türkei. Diese erhalten von der Armee die Möglichkeit, Lesen und Schreiben zu lernen und können ebenso eine berufliche Ausbildung absolvieren. Zivile Einrichtungen gelangen dadurch bei den Männern aus den Provinzen in den Hintergrund. Das positive Ansehen der Armee in der türkischen Bevölkerung wird somit zusätzlich verstärkt.[67]

Das Militär ist außerdem für die türkische Sicherheitspolitik zuständig:

„[...] die „nationale Sicherheit" ist nach Artikel 118 der Türkischen Verfassung und nach dem Artikel 2945 des Sekretariats des Nationalen Sicherheitsrates dem Nationalen Sicherheitsrat [...] zugeordnet."[68]

Mit der Einrichtung des MGK sollte zwischen der Exekutive und dem Militär ein schneller Austausch von Informationen erreicht werden, um die Koordination notwendiger Maßnahmen zu erleichtern. Die beiden türkischen Entscheidungszentren sind in diesem Zusammenhang zum einen der Ministerrat, der die zivile Autorität darstellt, und zum anderen der MGK, der die militärische Autorität darstellt. Entscheidend ist bei diesen beiden Entscheidungszentren, dass die militärische Autorität in der Türkei bedeutender ist als die zivile Autorität.[69]

Die mangelnde zivile Kontrolle des Militärs stellt das größte Problem im Zusammenhang mit dem EU-Beitritt der Türkei dar. Auf diese Weise wird sowohl die effektive Regierungsgewalt als auch die Gewaltenteilung zwischen der Exekutive, der Legislative und der Judikative beeinträchtigt.

Der MGK besteht aus Teilen der Exekutive, dem Staatspräsidenten, dem Generalstabchef sowie den Kommandeuren der Streitkräfte. Da die Beschlüsse des MGK die Gesetzgebung sowie die Regierung beeinflussen, führt der MGK zu einer Spaltung der Legislative und Exekutive in einen militärischen und in einen demokratisch-repräsentativen Teil. Der starke Einfluss des MGK hat zur Folge, dass die Entscheidungsfreiheit der demokratisch legitimierten Exekutive eingeschränkt ist und somit der MGK nicht parlamentarisch kontrolliert werden kann. Ebenfalls mangelt es dieser Institution an Transparenz.

Aus dem siebten Harmonisierungspaket von 2003 resultierten für das türkische Militär

---

[67] Vgl. Sezer (2007), S. 27f.
[68] Ebd., S. 28.
[69] Vgl. Yeşilyurt (2000), S. 187.

erstmals umfangreiche rechtliche Einschränkungen. Dem Generalsekretär des MGK wurden sämtliche weitreichende Exekutivbefugnisse entzogen. Folglich erfüllt der MGK seitdem lediglich die Funktion eines Beratungsgremiums. Trotz der Mehrheit der zivilen Stimmen im MGK bestimmt die Militärführung weiterhin die Tagesordnung. Allerdings bestimmt diese nun vorrangig über den Obersten Militärrat (YAŞ).

Zusätzlich lässt sich feststellen, dass die Militärausgaben auch weiterhin nicht parlamentarisch kontrolliert werden. Das hat zur Folge, dass die Finanzen des türkischen Militärs weiterhin nicht vom Rechnungshof geprüft werden können.

Die Reformen von 2004 wirkten sich auf die doppelte Struktur von Zivil- und Militärgerichten aus. In der Türkei waren im Bereich der Straftaten bisher ausschließlich die Militärgerichte zuständig. Dabei spielte es keine Rolle, ob es sich um eine zivile oder militärische Straftat handelte. Im Zuge der Reformen wurden die Staatssicherheitsgerichte abgeschafft, in denen sowohl zivile als auch militärische Richter vertreten waren. Das hat zur Folge, dass seit dem Jahr 2006 nur noch selten zivile Personen vor Militärgerichte gestellt werden können. Zusätzlich wurde im Jahr 2009 das Strafprozessrecht geändert, wodurch Zivilgerichte nun auch über militärisches Personal urteilen können.[70] Nach Söyler stellt diese Änderung einen entscheidenden „[...] Schritt zur Aufhebung der gerichtlichen Immunität des Militärs [...]"[71] dar.

Die starke Akzeptanz des Militärs in der Türkei sowie die Existenz des MGK, der in den Staaten Europas nicht vorkommt, bildeten in den bisherigen Beitrittsverhandlungen zwischen der EU und der Türkei eine große Hemmschwelle. Die Auflösung dieser Institution ist deshalb nach Yeşilyurt ein wichtiger Schritt für die fortschreitende Demokratisierung der Türkei.[72]

Die Europäische Kommission schließt bezüglich der aktuellen politischen Rolle des Militärs in der Türkei in ihrer Mitteilung an das Europäische Parlament und den Rat vom 09.11.2010 über die wichtigsten Herausforderungen für das Jahr 2010 – 2011 den folgenden Entschluss:

„Auf dem Gebiet der zivilen Kontrolle der Sicherheitskräfte wurden Fortschritte erzielt. Das Verfassungspaket beschränkt die Zuständigkeit der Militärgerichte und eröffnet die Möglichkeit der gerichtlichen Überprüfung von Entscheidungen des Obersten Militärrats. Allerdings äußerten sich hochrangige Armeeangehörige weiterhin zu Fragen außerhalb ihres

---

[70] Vgl. Söyler (2009), S. 5f.
[71] Söyler (2009), S. 6.
[72] Vgl. Yeşilyurt (2000), S. 187.

Zuständigkeitsbereichs, insbesondere zu Rechtsfragen. Keine Fortschritte wurden bei der parlamentarischen Kontrolle des Verteidigungshaushalts gemacht."[73]

4.2.1.2 Zur Lage der Meinungsfreiheit in der Türkei

Die Achtung der Meinungsfreiheit ist ebenfalls ein unerlässliches Kriterium, wenn es um die Frage der Demokratisierung in der Türkei geht. Thomas Hammarberg, der Menschenrechtskommissar des Europarates, äußerte sich zu diesem Thema in seinem kürzlich erschienenen Bericht über die Lage der Meinungs- und Pressefreiheit in der Türkei. Im April 2011 reiste er in die Türkei, um sich vor Ort ein Bild von der aktuellen Situation machen zu können. Aus diesem Bericht geht bezüglich der Meinungs- und Pressefreiheit hervor, dass Hammarberg

„[...] welcomes the progress made by Turkey in recent years concerning a free and open debate on a variety of human rights-related issues. However, in view of the very large number of judgments of the European Court of Human Rights (`the Court'), for more than a decade, finding violations by Turkey of the right to freedom of expression, he remains concerned by the fact that Turkey has not yet taken all necessary measures to effectively prevent similar violations."[74]

Die Meinungsfreiheit bildet den Grundstein einer demokratischen Gesellschaft. Um sich vor revolutionären Veränderungen schützen zu können, die das vorhandene politische System betreffen, gibt es diesbezüglich in demokratischen Gesellschaften die legitime Möglichkeit des Verbots von politischen Organisationen, die solche Veränderungen propagieren. Die Schwierigkeit dieses Staatsschutzes besteht darin, klare Grenzen zwischen Propaganda, subversiven Handlungen und Meinungsfreiheit zu ziehen. Die Probleme, die sich in der Türkei bezüglich der Meinungsfreiheit ergeben, hängen dagegen mit dem dortigen Demokratieverständnis zusammen. Im Zuge dieses stark eingeschränkten Demokratieverständnisses, das bereits aus der Verfassung von 1982 hervorging, werden die Bestimmungen des Staatsschutzes dazu benutzt, um ungewollte Themen zu unterbinden und teilweise sogar zu bestrafen und ebenfalls, um tief in die demokratischen und liberalen Rechte einzugreifen. Die Heiligkeit sowie Unantastbarkeit

---

[73] Europäische Kommission (09.11.2010), S. 42.
[74] Hammarberg (2011).

des türkischen Staates ist gesetzlich verankert und wurde bereits aus dem Osmanischen Reich übernommen. Jegliche politische Positionen und Forderungen werden mit Hilfe von strafrechtlichen Verurteilungen bekämpft. Zu diesem Zweck werden die in der türkischen Verfassung verankerten Grundrechte außer Kraft gesetzt.[75] In dem von Amnesty International veröffentlichten Länderbericht über die Türkei vom Dezember 2010 werden die aktuellen Auswirkungen auf die Ausübung der Meinungsfreiheit dargestellt. Demzufolge hat sich die Lage in der Türkei in den letzten Jahren nicht verbessert. Zahlreiche Gesetze und deren weite Auslegung durch die türkischen Gerichte verhindern die Ausübung der Meinungsfreiheit. Das wird anhand der Zahlen des alternativen Mediennetzwerkes Bianet, das von der EU gefördert wird, deutlich. Insgesamt 323 Strafverfahren gab es im Jahr 2009 aufgrund von Meinungsäußerungen. Besorgniserregend sind auch die Zahlen für das Jahr 2010. Die Zahl der Anklagen wegen Meinungsäußerungen hat sich in den Monaten von April bis Juni im Vergleich zum selben Zeitraum des Vorjahres fast verdoppelt. Es konnte ein Anstieg von 125 auf 249 Anklagen verzeichnet werden.[76]

Eines der jüngsten Opfer dieser Problematik ist der türkische Literaturnobelpreisträger Orhan Pamuk, der wegen eines Interviews, in dem er offen über die Ermordung von Armeniern und Kurden in der Türkei berichtete, zu einer hohen Geldstrafe verurteilt wurde. Die türkischen Richter begründeten ihre Entscheidung damit, dass Pamuk auf diese Weise die heiligen Gefühle des Volkes verletzt hat. Dieses Urteil ist nur eines von zahlreichen Versuchen der türkischen Justiz, Journalisten und Schriftsteller zum Schweigen zu bringen.[77]

Am 1. Juni 2005 trat in der Türkei ein neues Strafgesetzbuch in Kraft, das allerdings zu keiner Veränderung im Bereich der Meinungsfreiheit führte. Die Gründe für diesen mangelnden Fortschritt waren die Artikel des alten Gesetzes, mit denen die freie Meinungsäußerung unter Strafe gestellt wurde. Diese wurden im neuen Strafgesetzbuch weitgehend unverändert übernommen. Besonders große Aufmerksamkeit konnte Artikel 301 des türkischen Strafgesetzbuches auf sich ziehen. Dieser stellte die „Beleidigung des Türkentums" unter Strafe. Im März 2008 wurde dieser geändert. Seitdem stellt dieser Artikel nicht mehr die „Beleidigung des Türkentums" unter Strafe, sondern die „Beleidigung der türkischen Nation". Die Inhalte dieses Artikels über die Beleidigung

---

[75] Vgl. Yeşilyurt (2000), S. 189f.
[76] Vgl. Amnesty International (2011).
[77] Vgl. Thumann (2011).

der Sicherheitskräfte und des Militärs bleiben unverändert bestehen. Eine weitere Veränderung war die Herabsetzung der Höchststrafe von drei auf zwei Jahre. Zusätzlich muss seit der Änderung die Genehmigung des Justizministers vor der Eröffnung eines Verfahrens eingeholt werden. Die Folge war, dass seitdem die Mehrheit der Anträge auf Genehmigung eines Verfahrens abgelehnt wurde. Allerdings zeigt die Entwicklung auch, dass die zusätzliche Kontrolle durch den Justizminister nicht die Meinungsfreiheit wahrt. Denn seitdem werden immer mehr Strafverfahren eröffnet, deren Grundlage andere Artikel sind. Im Folgenden werden einige Gesetze des türkischen Strafgesetzbuches zitiert, die von der Justiz genutzt werden, um die Meinungsfreiheit weiterhin einzuschränken:

„§ 318: *Wer die Gefühle der Bevölkerung gegenüber dem Militärdienst negativ beeinflusst oder in diesem Sinne Propaganda betreibt, wird mit Haft zwischen sechs Monaten und zwei Jahren bestraft.*

[...]

§ 222: *Wer gegen die Bestimmung über den Gebrauch der türkischen Buchstaben verstößt, wird mit Haft zwischen zwei und sechs Monaten bestraft.*

[...]

§ 216: *Wer bei einem Teil der Bevölkerung gegen einen anderen aufgrund von Unterschieden in der sozialen Klasse, Rasse, Religion oder der regionalen Herkunft Zorn und Feindschaft schürt und damit die öffentliche Sicherheit gefährdet, wird mit Haft zwischen einem und drei Jahren bestraft.*“[78]

In diesem Sinne wurde § 318 dazu genutzt, um den Menschenrechtsaktivisten und Kriegsdienstverweigerer Halil Savda im Juni 2010 zu sechs Monaten Haft zu verurteilen. Seine Teilnahme an einer Demonstration gegen die Inhaftierung des Kriegsdienstverweigerers Enver Aydemir reichte für eine Verurteilung zu sechs Monaten Haft aus.

Ebenso diente auch § 222 im Oktober 2010 zur Prozesseröffnung gegen den türkischen Soziologen Ismail Beşikçi. Er veröffentlichte einen Artikel über das Selbstbestimmungsrecht der Völker nach internationalem Recht und die Folgen daraus für die Kurden. Die türkische Justiz warf ihm vor, Propaganda für die PKK (Arbeiterpartei Kurdistans), einer kurdischen Untergrundbewegung mit Ursprung in

---

[78] Amnesty International (2011).

der Türkei, begangen zu haben. Eine weitere Anschuldigung war die Nutzung des Buchstabens „Q" für die geografische Bezeichnung Qandil-Berge, der allerdings nicht im türkischen Alphabet vorkommt.

Aufgrund einer Zeitungskolumne über die Unterdrückung der Kurden seit der Gründung der Türkischen Republik läuft gegen den kurdischen Politiker und Journalisten Orhan Miroğlu ein Verfahren nach § 216. Amnesty International stellt bezogen auf den § 216 im Länderbericht über die Türkei von 2010 fest, dass es in der Türkei nur sehr selten zu Anklagen gegen Personen kommt, die Minderheiten verfolgen.[79]

Anhand dieser Beispiele wird deutlich, dass die Reformen im Bereich der freien Meinungsäußerung bisher noch nicht im Bewusstsein der Justiz und der Ordnungsbehörden in der Türkei zu finden sind und dementsprechend nicht umgesetzt werden.[80]

Das zentrale Problem ist hierbei ebenfalls wieder, wie bei der politischen Rolle des Militärs, das Verhältnis von Staat und Gesellschaft. Thumann formuliert die Situation in der Türkei treffend:

„Am Werk ist hier eine Justiz, die sich unabhängig nennt, aber tatsächlich ein von der Gesellschaft unabhängiges, besser: abgeschottetes System bildet. Die Justiz war seit 1923 Säule der autoritären Republik Türkei, seit Einführung freier Wahlen 1950 versteht sie sich als Hüter der Gründungsdogmen des Landes. Der Kemalismus ist für viele Juristen Rahmen ihres Weltbildes."[81]

Im Sinne des traditionell autoritären Staatsverständnisses aus der Vergangenheit sehen türkische Staatsanwälte und Richter ihre Aufgabe in der Verteidigung des Staates gegen die Bürger. Nach islamisch-osmanischer Auffassung ist der Staat das *"[...] Vollzugsorgan des göttlichen Willens auf Erden [...]"*[82]. Diese Sichtweise beeinflusst auch heute noch das politische Denken und Handeln in der Türkei. Folglich sind der Staat und die Nation den Rechten des Einzelnen übergeordnet. Allein das Interesse des Staates bezüglich einer Maßnahme berechtigt häufig für Entscheidungen in der Regierung und sogar für die Ausgrenzung ganzer Gruppen. Noch vor wenigen Jahren versuchte die Justiz sogar die von den Bürgern gewählte Regierungspartei AKP auf diese Weise zu

---

[79] Vgl. Amnesty International (2011).
[80] Vgl. Kramer (2004), S. 14.
[81] Thumann (2011).
[82] Steinbach (2002), S. 37.

verbieten.[83]

Auch in vielen Ländern der EU gibt es ähnliche Paragrafen. Der Unterschied liegt allerdings in ihrer Anwendung, die in den Ländern der EU nicht zur Inhaftierung von Journalisten und Schriftstellern führt. Nach Zaptcioglu hängt diese Häufung der Gerichtsverfahren in der Türkei auch mit den zahlreichen Reformen und der damit verbundenen Demokratisierung der Türkei zusammen. In einem Teil der Gesellschaft hat dieser Wandel starke nationalistische Reaktionen zur Folge. Seit dem Jahr 2000 findet in der türkischen Gesellschaft ein rapider Kulturwandel statt. Einem großen Teil der Gesellschaft gehen die Reformen im Zuge der Annäherung an die EU zu schnell und auch zu weit. Folglich entsteht eine Kluft zwischen den Reformkräften der Türkei und dem Rest der türkischen Gesellschaft. Zu den Reformkräften im geistigen Bereich gehören vor allem Intellektuelle, die früher noch links und heute liberal gesinnt sind. Noch vor etwa zehn Jahren waren sie aufgrund ihrer politischen Gesinnung häufig arbeitslos. In der heutigen Zeit sind sie dagegen an zahlreichen privaten Universitäten in Istanbul angestellt. Sie veranstalten zusätzlich Konferenzen über die Armenier- und Kurdenfrage. Diese liberalen Intellektuellen halten gute Kontakte zum Westen aufrecht und sind als Gesellschaft in sich geschlossen. Diese Tatsache missfällt vor allem den türkischen Nationalisten. Der damalige Strafgesetzparagraf 301 sowie weitere Paragrafen des türkischen Strafgesetzbuches wurden und werden auch heute von den türkischen Nationalisten dazu genutzt, um Schriftsteller und die liberalen Intellektuellen vor dem Volk bloß zu stellen und die türkische Gesellschaft vor ihnen zu warnen. Ziel der türkischen Nationalisten ist hierbei vorrangig die Darstellung der Liberalen als gefährliche Gegner und Feinde der türkischen Gesellschaft.[84]

Bezüglich der aktuellen Lage der freien Meinungsäußerung in der Türkei, schließt die Europäische Kommission in ihrer Mitteilung an das Europäische Parlament und den Rat vom 09.11.2010 über die wichtigsten Herausforderungen für das Jahr 2010 – 2011 den folgenden Entschluss:

„Das türkische Recht enthält keine ausreichenden Garantien für die freie Meinungsäußerung im Einklang mit der Europäischen Menschenrechtskonvention und der Rechtsprechung des Europäischen Gerichtshofs für Menschenrechte. Die hohe Zahl von Verfahren gegen Journalisten gibt Anlass zur Sorge. Der politische Druck auf die Medien und die

---

[83] Vgl. Steinbach (2002), S. 37.
[84] Vgl. Zaptcioglu (2006).

Rechtsunsicherheit beeinträchtigen in der Praxis die Ausübung der Pressefreiheit. Die häufigen Website-Sperrungen sind bedenklich. "[85]

4.2.2 Menschenrechte und Minderheitenschutz

Wenn es um die Lage der Menschenrechte in der Türkei geht, so war die Folter bisher einer der häufigsten Kritikpunkte. In der Geschichte der Türkei ist es immer wieder zu schwersten Verletzungen der Menschenrechte gekommen. Im Mittelpunkt standen hierbei die nationalen Interessen in der Türkei. Die Verteidigung dieser Interessen führte häufig zur Missachtung der Menschenrechte im türkischen Rechtssystem. In den Jahren 2002 bis 2005 kam es daraufhin im Zuge des angestrebten EU-Beitritts zur Verabschiedung zahlreicher Reformen in der Türkei, mit denen die türkischen Gesetze mit dem internationalen Recht in Einklang gebracht werden sollten.[86] Die AKP verfolgte bereits bei ihrem Amtsantritt eine sogenannte „Null-Toleranz Richtlinie gegenüber Folter". Auch die Reformpakete enthielten wichtige Mechanismen, die zum Schutz von Festgenommenen vor Folter dienen sollten. Eine Verkürzung der Polizeihaft sowie das Recht der Festgenommenen auf einen sofortigen Zugang zu einem Rechtsanwalt waren hierbei die wichtigsten Aspekte.[87] Des Weiteren wurden Gesetze geändert, um die bisher bestehende Straffreiheit für Folterer abzuschaffen. Der Erfolg seit der Einführung dieser Richtlinie der AKP-Regierung und der Reformen ist erkennbar. Alle Menschen, die seitdem in Polizeigewahrsam geraten, werden nach möglicher Folter und Misshandlung befragt. Im Jahr 2000 waren es noch mehr als 1000 Menschen, die nach Angaben der türkischen Stiftung für Menschenrechte von Sicherheitskräften gefoltert und misshandelt wurden. Diese Zahl ist in den folgenden fünf Jahren deutlich gesunken. Im Jahr 2005 waren es dagegen nur noch 193 Menschen. Allerdings ist seit 2007 eine umgekehrte Tendenz erkennbar. Folter und auch Misshandlungen von Menschen in Gewahrsam durch Polizisten haben wieder zugenommen.[88] Die Änderung des Antiterrorgesetzes im Juli 2006 führte zu einer Zerstörung vieler Verbesserungen im Bereich der Menschenrechte, die durch zahlreiche Reformen erzielt worden waren. Folglich kam es zur Einführung einer Regelung, die Personen, falls sie wegen Tatvorwürfen

---

[85] Europäische Kommission (09.11.2010), S. 43.
[86] Vgl. Amnesty International (2004).
[87] Vgl. Amnesty International (2011).
[88] Vgl. Kalnoky (2008).

festgenommen wurden, die unter das Antiterrorgesetz fallen, den Rechtsanspruch auf einen Anwalt in den ersten 24 Stunden nimmt. In diesen Fällen kann das Polizeigewahrsam auf Antrag durch einen Richter dreimal um einen weiteren Tag verlängert werden. Die Begründung für diese Verlängerung lautet oftmals, dass die Ermittlungen mehr Zeit erfordern. Insgesamt wurden im Jahr 2009 305 Fälle von Folter in Polizeihaft im Südosten der Türkei registriert. Des Weiteren registrierte die türkische Menschenrechtsorganisation iHD Diyarbakir 358 Fälle von Folterungen und Misshandlungen außerhalb der offiziellen Haftorte sowie 397 Fälle in Gefängnissen. Im Vergleich dazu ist die Zahl vom türkischen Justizministerium deutlich höher als die Zahl des Menschenrechtsvereins iHD Diyarbakir. Demzufolge haben 4719 Bürger in den Jahren 2006 und 2007 Klage wegen Folter und Misshandlung durch Sicherheitsbeamte eingereicht. Die große Differenz der Zahlen ergibt sich hierbei aus der Tatsache, dass die türkischen Menschenrechtsorganisationen nur von den Klagen erfahren, die in der Presse veröffentlicht werden. Allerdings ist davon auszugehen, dass auch die Zahlen des Justizministeriums nicht alle Fälle von Folter und Misshandlung umfassen, da viele Opfer keine Anzeige erstatten aus Angst vor weiteren Misshandlungen oder aufgrund ihrer Erfahrung, dass eine Anzeige oftmals keinen Erfolg hat.

Mit den neuen Bestimmungen der seit 2007 verhärteten Gesetzgebung, erhielt die Polizei einen großen Spielraum. Es wurde ein Gesetz über die Aufgaben und Befugnisse der Polizei verabschiedet, mit dem die Polizei die Befugnis erhielt, Personen anzuhalten und zu durchsuchen. Zusätzlich erhielt die Polizei die Erlaubnis, tödliche Waffen gegen diese Menschen einzusetzen und auf Verdächtige zu schießen, die den Befehl zum Anhalten nicht befolgen. Laut Amnesty International entsprechen die Vorschriften zur Wahrung der Verhältnismäßigkeit in der Türkei nicht den internationalen Standards für die Nutzung von Feuerwaffen durch die Polizei. Seit der Verabschiedung dieses Gesetzes registrieren die türkischen Menschenrechtsorganisationen eine steigende Tendenz von unverhältnismäßiger Polizeigewalt. Auch die unverhältnismäßige Gewalt der türkischen Sicherheitskräfte gegen die Teilnehmer von Demonstrationen hat sich nach wie vor nicht gebessert.[89]

Die Harmonisierung der türkischen Gesetze mit dem internationalen Recht ist ein wichtiger Schritt, um die Kopenhagener Kriterien vollständig zu erfüllen und der EU beitreten zu können. Von besonderer Bedeutung ist hierbei der Schutz der

---

[89] Vgl. Amnesty International (2011).

Menschenrechte vor Folter und Misshandlung. Amnesty International vertritt diesbezüglich die Ansicht, dass der Schutz und die Achtung der Menschenrechte der einzige Weg ist, um auf lange Sicht Gerechtigkeit und Sicherheit für alle zu gewährleisten. Allerdings muss an dieser Stelle auch verdeutlicht werden, dass nach Amnesty International nicht allein einzelne Polizeibeamte oder Staatsanwälte für den fehlenden Schutz der Menschenrechte verantwortlich sind. Vielmehr sind es die institutionellen Mängel im türkischen Strafrechtssystem, die nach Amnesty International bei den andauernden Menschenrechtsverletzungen eine zentrale Rolle spielen. Ohne gleichzeitige institutionelle Reformen, die die Defizite der zwei Schlüsselinstitutionen (Sicherheitskräfte und Justiz) des Strafrechtssystems beseitigen, kann der positive Effekt der Gesetzesreformen im Bereich der Menschenrechte nicht im vollen Umfang wirksam werden.[90] Besonders entscheidend ist in diesem Zusammenhang, dass der Schutz der Bürger vor Menschenrechtsverletzungen an erster Stelle steht. Dieser muss über den Interessen der staatlichen Institutionen und einzelner Beamter in der Türkei stehen.[91]

Die Europäische Kommission beurteilte im Jahr 2010 die Lage der Menschenrechte in der Türkei folgendermaßen:

*„Im Bereich **Menschenrechte und Minderheitenschutz** sind einige Fortschritte zu verzeichnen, vor allem im Hinblick auf die Versammlungsfreiheit, die Rechte von Frauen und Kindern und die kulturellen Rechte. Allerdings besteht noch erheblicher Handlungsbedarf, insbesondere was die freie Meinungsäußerung und die Religionsfreiheit betrifft.*
Die positive Entwicklung bei der Verhütung von Folter und Misshandlung setzt sich fort. In einigen aufsehenerregenden Fällen von Menschenrechtsverletzungen kam es zu Verurteilungen. Bedenklich ist jedoch, dass weiterhin von unverhältnismäßiger Gewaltanwendung durch Vollzugsbehörden berichtet wird.“[92]

Weitere Probleme der türkischen Demokratie stellen die Beeinträchtigung der Versammlungsfreiheit, Einschränkungen der Rundfunkfreiheit sowie die Beeinträchtigung der Koalitions- und Vereinigungsfreiheit dar.

---

[90] Vgl. Amnesty International (2004).
[91] Vgl. Amnesty International (2007).
[92] Europäische Kommission (09.11.2010), S. 43.

4.2.3 Der Zypernkonflikt im Rahmen der türkisch-europäischen Beziehungen

Die Lösung des Zypernkonflikts wurde 1997 auf dem Luxemburg-Gipfel an die Frage des EU-Beitritts der Türkei gekoppelt. Um seine Nachbarschaftspläne mit Zypern und Griechenland dauerhaft lösen zu können, musste die Türkei Kompatibilität mit den Kopenhagener Kriterien erreichen, da die Republik Zypern den EU-Beitritt so lange ablehnt, bis sich die Türkei aus dem Norden der Insel zurückzieht.[93]

Offiziell begann der Zypernkonflikt in den 1960er Jahren. Seit der türkischen Invasion im Jahr 1974 ist die Insel in einen griechisch kontrollierten Süden und einem türkisch dominierten Norden aufgeteilt. Damals wollte die griechische Bevölkerungsmehrheit Zyperns eine neue Verfassung verabschieden. Diese verschlechterte allerdings die Rechte der türkisch-zyprischen Bevölkerung. Aufgrund dieser Tatsache forderten die türkischen Zyprier die Teilung der Insel in zwei selbstständige Staaten. Folglich kam es immer wieder zu landesweiten blutigen Unruhen. Der Konflikt verschärfte sich immer weiter, bis 1963 die Türkei und Griechenland mit dem Eingriff in den Konflikt drohten. 1964 kam es in Folge der Entsendung von Friedenstruppen der UNO zu einem Waffenstillstand, was den Konflikt aber nicht lösen konnte. Die türkische Armee besetzte schließlich im Jahr 1974 den nördlichen Teil der Insel. Seitdem ist Zypern eine geteilte Insel, wobei der türkische Nordteil die Türkische Republik Nordzypern bildet. Diese wurde 1983 ausgerufen. Den griechischen Teil der Insel bildet die Republik Zypern, die von der Türkei nicht anerkannt wird. Zypern ist im Jahr 2004 EU-Mitglied geworden.[94]

Auf der Suche nach einer Lösung des Zypernkonfliktes, legte Kofi Annan, der damalige UN-Generalsekretär, im August 2002 den sogenannten „Annan-Plan" vor, der eine Überwindung der Inselteilung vorsah. Dieser Plan zielte auf die Gründung eines gemeinsamen Staates ab, in dem zwei weitgehend selbstständige Teilstaaten aufgegangen wären, wenn es zur Annahme dieses Plans gekommen wäre.

Im April 2004 sprachen sich 75 Prozent der griechischen Zyprioten gegen, 65 Prozent der türkischen Zyprioten für eine Wiedervereinigung aus und dies in getrennten Referenden. Somit war eine Wiedervereinigung in weite Ferne gerückt.[95]

Eine Zwei-Staaten-Lösung findet seit jeher immer mehr Unterstützer auf beiden Seiten. Die EU kann in dem fortlaufenden Zypernkonflikt mit den vorherrschenden

---

[93] Vgl. Lätt/Öztürk (2007), S. 36ff.
[94] Vgl. Bundesregierung (2006).
[95] Vgl. Schwarz (2004).

Schwierigkeiten dennoch nicht untätig bleiben.[96]

Ein Punkt, den Brüssel fortlaufend einfordert, ist die bedingungslose Öffnung türkischer Häfen für die Schiffe der Zyperngriechen unter gleichzeitiger Zurückweisung der türkischen Forderung nach Aufhebung des Embargos gegen die Zyperntürken. Da die Türkei die Öffnung der Häfen ablehnt, haben die Außenminister der EU im Dezember 2006 teilweise die Beitrittsverhandlungen mit der Türkei unterbrochen. Nach Angaben der Bundesregierung sind bis auf weiteres

„[...] acht Verhandlungskapitel ausgesetzt, die von der Zypernfrage betroffen sind: freier Warenverkehr, Dienstleistungen, Finanzdienstleistungen, Landwirtschaft und ländliche Entwicklung, Fischerei, Transport, Zollunion sowie auswärtige Beziehungen."[97]

Der Zypernkonflikt bleibt eine der größten Hürden für die Türkei auf ihrem Weg nach Europa, da die Beitrittsverhandlungen an die Bedingung geknüpft sind, dass die Türkei das EU-Mitgliedsland Zypern während der Beitrittsverhandlungen anerkennen muss.[98]

Eine befriedigende Lösung zu finden, könnte angesichts der verhärteten Fronten immer mühsamer werden, da sich die beiden Inselteile fortwährend auch wirtschaftlich auseinander entwickeln. In der Zypernfrage wird es auch zukünftig große Differenzen zwischen Brüssel und Ankara geben. Solange Ankara keine Zugeständnisse im Zypernkonflikt macht, dürfte Zypern sein Vetorecht gegen einen Türkeibeitritt nutzen. Wenn die Türkei im Gegenzug die Zusage zum EU-Beitritt nicht erhält, wird die türkische Regierung die Republik Zypern nicht anerkennen.

Für die EU geht es in dieser Frage um die Glaubwürdigkeit europäischer Institutionen; daher muss sie absehbarer Zeit eine Lösung finden. Sie wird daran gemessen werden, ob sie für eine komplexe geopolitische Krise auf dem eigenen europäischen Areal, eine Lösung anzubieten hat. Aus geopolitischer Sicht kann sich Brüssel die Abwendung der Türkei von Europa nicht erlauben.[99]

---

[96] Vgl. Lätt/Öztürk (2007), S. 38.
[97] Bundesregierung (2006).
[98] Vgl. Seufert/Kubaseck (2006), S. 188.
[99] Vgl. Lätt/Öztürk (2007), S. 38.

4.2.4 Fortschritte und Umsetzungsmängel bei der Erfüllung der politischen Beitrittskriterien

Die bisher geschilderten Probleme, die sich bei der Erfüllung der politischen Kriterien ergeben, waren lange Zeit ein Hindernis für die Aufnahme der Beitrittsverhandlungen mit der Türkei. Die Erfüllung dieser Kriterien, anhand deren die EU die Beitrittsreife der Türkei in den Bereichen demokratische und rechtsstaatliche Ordnung, institutionelle Stabilität, Schutz von Minderheiten sowie Wahrung der Menschenrechte beurteilt, steht im Mittelpunkt für die Aufnahme der Verhandlungen.

Anhand der regelmäßig erstellten Fortschrittsberichte der Europäischen Kommission über die Beitrittsreife der Türkei wird deutlich, dass die Türkei bei der Erfüllung der politischen Kriterien weit vorangekommen ist. Innerhalb der letzten Jahre konnte die Türkei unter Ministerpräsident Recep Tayyip Erdogan enorme Fortschritte im Reformprozess erzielen. [100] Im Allgemeinen ist festzustellen, dass sich die Reformbereitschaft der Türkei seit 1999 äußerst positiv entwickelt hat. Bereits 2001 wurde mit dem ersten der insgesamt sieben Reformpakete auch eine erste umfangreiche Verfassungsänderung im Bereich der Menschenrechte sowie der Grundfreiheiten erreicht. Ein neues bürgerliches Gesetzbuch und die Vermeidung von Folter wurden im Zuge dieses Reformpakets durchgesetzt.

Ein weiteres Reformpaket von 2002 bewirkte neben der Ausweitung der kulturellen Rechte für die kurdische Bevölkerung auch die Abschaffung der Todesstrafe in Zeiten des Friedens.

Auch in den darauffolgenden Reformpaketen der Jahre 2003 und 2004 verabschiedete das türkische Parlament weitere zahlreiche Reformen zur Umsetzung der politischen Aufnahmekriterien:

- **Nationaler Sicherheitsrat:**
  Beschränkung des militärischen Einflusses auf diese Institution, erstmals unter demokratischer Kontrolle und ziviler Leitung

---

[100] Vgl. Bundesregierung (2005).

- **Strafrechtsnovelle:**

  Beinhaltet eine neue Strafprozess- und Strafvollzugsordnung sowie ein neues Strafgesetzbuch; löst das bisherige Strafrecht von 1926 ab, verschärft die Bestrafung bei Folter, fördert die Meinungsfreiheit sowie die Gleichstellung von Mann und Frau

- **Menschenrechten und Minderheitenschutz:**

  Erweiterung der Religionsfreiheit für nicht-muslimische Minderheiten in der Türkei sowie der Presse- und Vereinigungsfreiheit

- **Todesstrafe und Folter:**

  Die Todesstrafe wurde bereits gesetzlich abgeschafft, mit der zweiten Verfassungsreform im Juni 2004 wurde die Todesstrafe auch aus der Verfassung gestrichen; zur Verbesserung der Menschenrechtslage wurde auch die Folter abgeschafft

- **Gleichstellung der Geschlechter:**

  Festschreibung der Gleichstellung von Mann und Frau in der türkischen Verfassung[101]

Anhand der Vielfalt an Reformpaketen, die das türkische Parlament in den letzten Jahren beschlossen hat, werden die enormen Fortschritte der Türkei im EU-Beitrittsprozess deutlich. Diese Fortschritte belegt die Europäische Kommission regelmäßig in ihren Fortschrittsberichten. Bereits im Oktober 2004 stellte die Kommission daraufhin fest, dass die Türkei die politischen Kriterien ausreichend erfüllt und somit reif für den seit Jahren angestrebten EU-Beitritt ist. Folglich wurden im Oktober 2005 die Beitrittsverhandlungen mit der Türkei eröffnet. Die Anwendung einer Strategie, die auf drei Säulen beruht, ist bei den Beitrittsverhandlungen mit der Türkei neu. Tabelle 2 verdeutlicht diese Strategie.

---

[101] Vgl. Erler/Schwall-Düren/Zapf (2004), S. 5f.

Tabelle 2: <u>Verhandlungsstrategie der EU mit der Türkei – Die Drei-Säulen-Strategie</u>

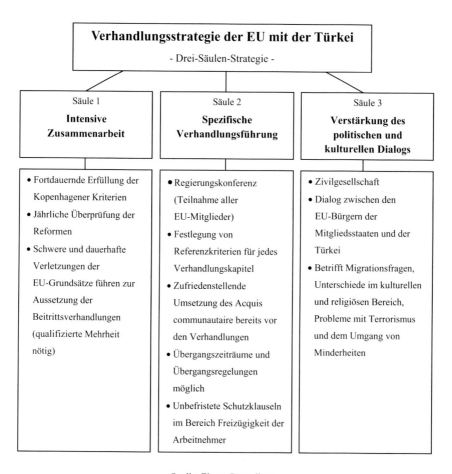

Quelle: Eigene Darstellung,
in Anlehnung an: Erler/Schwall-Düren/Zapf (2004), S. 4f.

Bei der **ersten Säule** geht es in diesem Zusammenhang um eine intensive Zusammenarbeit zwischen der EU und der Türkei, die den Reformprozess in der Türkei verstärkt fördern und unterstützen soll. Im Mittelpunkt steht dabei die fortdauernde Erfüllung der Kopenhagener Kriterien, insbesondere der politischen Kriterien. Die Prioritäten für weitere Reformen werden in einer überarbeiteten Beitrittspartnerschaft festgelegt und jährlich überprüft. Bei schweren und dauerhaften Verletzungen der

EU-Grundsätze kann die Europäische Kommission die Aussetzung der Beitrittsverhandlungen empfehlen. Mit einer qualifizierten Mehrheit kann der Europäische Rat letztendlich die Aussetzung der Verhandlungen beschließen.

Die **zweite Säule** stellt die spezifische Verhandlungsführung bezüglich der Beitrittsverhandlungen mit der Türkei dar. Diese finden im Rahmen einer Regierungskonferenz statt, an der alle EU-Mitglieder teilnehmen. Der Rat legt für jedes Verhandlungskapitel die Referenzkriterien für den vorläufigen Abschluss der Beitrittsverhandlungen fest. Dazu gehört eine zufriedenstellende Bilanz bezüglich der Umsetzung des Besitzstandes. Bereits vor der Aufnahme der Verhandlungen über die jeweiligen Kapitel, müssen die rechtlichen Verpflichtungen erfüllt sein, die sich aus der Übernahme des Acquis communautaire ergeben. In diesem Zusammenhang kann es in verschiedenen Bereichen, wie der Landwirtschafts- und Strukturpolitik, zu längeren Überganszeiträumen und Sonderregelungen kommen. Im Bereich der Freizügigkeit von Arbeitnehmern fallen unbefristete Schutzklauseln an. Bei einem EU-Beitritt der Türkei rechnet die Kommission mit enormen finanziellen sowie institutionellen Konsequenzen. Aus diesem Grund muss zuerst die finanzielle Vorausschau für den Zeitraum nach 2014 festgelegt werden. Erst dann kann die EU die Beitrittsverhandlungen mit der Türkei abschließen.

Den zentralen Aspekt der **dritten Säule** bildet die Verstärkung des politischen und kulturellen Dialogs, der vor allem im Bereich der Zivilgesellschaft stattfinden soll. In diesem Dialog zwischen den Bürgern der EU-Mitgliedsstaaten und der Türkei geht es um Migrationsfragen, um Unterschiede im kulturellen und religiösen Bereich, um Terrorismus und auch um Probleme mit den Rechten von Minderheiten.[102]

Auf diese Weise werden die Beitrittsverhandlungen auf die Schwächen der Türkei neu ausgerichtet.[103] Das Ziel, das die Kommission zusätzlich mit dieser Strategie verfolgt, ist das Zusammenbringen der Völker aus der EU und der Türkei in den genannten Bereichen. Zusätzlich sollen auf diese Weise weitere Reformen in der Türkei eingeleitet werden.[104] Barbara Lippert fügt in diesem Zusammenhang ergänzend hinzu:

„Die neuen Verfahrensregeln für die Beitrittsverhandlungen sollen den Sorgen in der EU Rechnung tragen."[105]

---

[102] Vgl. Erler/Schwall-Düren/Zapf (2004), S. 4f.
[103] Vgl. Lippert (2005), S. 132.
[104] Vgl. EUROPA (03.07.2007).
[105] Lippert (2007), S. 127.

Zu den wesentlichen Kritikpunkten gehören neben den in Kapitel 4.2 genannten politischen Aspekte auch die Probleme, die ein muslimisch geprägtes Land mit über 72 Millionen Einwohnern und einer rasch wachsenden Bevölkerung wie die Türkei bei einem EU-Beitritt mit sich bringt. Dazu gehören auch die Sorgen vor hohen Kosten für Subventionen, die wachsende Einwanderung aus der Türkei, eine höhere Konkurrenz auf dem Arbeitsmarkt und auch die Sorge der EU-Bürger vor dem wachsenden Einfluss des Islam.[106] Eine genaue Analyse der kulturellen Unterschiede erfolgt im empirischen Teil dieser Studie (Kapitel 5).

Neben den Fortschritten, die die Türkei in den letzten Jahren erzielen konnte, stellte die Kommission in ihrem Fortschrittsbericht von 2010 allerdings auch fest, dass die Türkei vor allem im Bereich der Grundrechte, wie der Gewährleistung der Meinungsfreiheit, noch viel umzusetzen hat.[107] Auch auf die Medien wird deshalb noch immer Druck ausgeübt. Die Europäische Kommission spricht in diesem Zusammenhang von der Notwendigkeit einer transparenten Umsetzung der Verfassungsänderungen, bei denen alle Akteure mit einbezogen werden.[108] Die Sorge, dass die Dynamik des Beitrittsprozesses der Türkei verloren gehen könnte, besteht derzeit nach Stefan Füle in der Kommission. Diese erwartet, dass die Türkei ihre vertraglich festgelegten Verpflichtungen mit der EU vollständig erfüllt. Das ist die Voraussetzung für die Vollmitgliedschaft in der EU. Die Beitrittsverhandlungen kommen deshalb nur sehr langsam voran.[109] Die Türkei hat die Möglichkeit das Tempo der Verhandlungen zu beschleunigen, indem sie den Besitzstand der EU ordnungsgemäß übernimmt und umsetzt. Davon hängt auch ab, ob die Türkei letztendlich in die EU aufgenommen wird oder nicht. Das Ergebnis ist noch offen. Es wird davon ausgegangen, dass die Verhandlungsdauer etwa zehn Jahre betragen wird. Allerdings legt die Kommission diesbezüglich auch fest,

„[…] dass der Beitritt nicht vor dem Jahr 2014 stattfinden kann und aufs Sorgfältigste vorbereitet sein muss, damit die Integration auf sanftem Wege vonstattengehen kann, ohne aufs Spiel zu setzen, was in über 50 Jahren europäischer Integration erreicht worden ist."[110]

---

[106] Vgl. Schönlebe (2006), S. 30. Zitiert nach: TNS emnid, erschienen in: Greenpeace Magazin 4/06.
[107] Vgl. EUROPA (09.11.2010).
[108] Vgl. Europäische Kommission (09.11.2010), S. 42.
[109] Vgl. EUROPA (09.11.2010).
[110] EUROPA (03.07.2007).

4.3 Die Umsetzung des Acquis communautaire in der Türkei

Nachdem die EU die Beitrittsverhandlungen mit der Türkei aufgenommen hat, ist die nächste Hürde, die es im Hinblick auf das Ziel des EU-Beitritts von der Türkei zu überwinden gilt, die Übernahme des Acquis communautaire, dem sogenannten gemeinschaftlichen Besitzstand der EU, der die Gesamtheit der Rechtsvorschriften der EU umfasst. Dazu gehören insgesamt 35 Verhandlungskapitel unterschiedlicher Sachgebiete (Anhang 1). Die notwendige Bedingung für den EU-Beitritt stellt die Übernahme dieses Gemeinschaftsrechts durch die Beitrittsländer wie der Türkei dar. Der Prozess der Beitrittsverhandlungen ist dabei individuell und kann somit von jedem Beitrittskandidaten zu einem anderen Zeitpunkt abgeschlossen werden. Allerdings sind in vielen Ländern zahlreiche Reformen und deren Umsetzung für die Anpassung der politischen, rechtlichen und wirtschaftlichen Standards an dieses Regelwerk der EU notwendig. Die Geschwindigkeit bei der Umsetzung der Reformen durch das Beitrittsland beeinflusst das Tempo, mit dem die Verhandlungen abgeschlossen werden können. Die Europäische Kommission beurteilt die im Rahmen dieser Verhandlung gemachten Fortschritte und entscheidet, ob und auch wann diese 35 Verhandlungskapitel erfolgreich abgeschlossen sind.[111] Was die Verhandlungen der EU mit der Türkei angehen, stellt die Kommission anhand der Ergebnisse des Fortschrittsberichts 2010 fest, dass die Türkei die Verpflichtungen, die sich aus der EU-Mitgliedschaft für sie ergeben, zielstrebig erfüllt. Die Kommission nimmt hierbei vor allem Bezug auf die Rechts- und Verwaltungsvorschriften, die die Türkei weiter an diejenigen der EU anglich. Ebenso sind nach diesem Bericht Fortschritte im Wettbewerbsbereich zu verzeichnen. Die Aufnahme der Beitrittsverhandlungen in diesem Bereich ist demnach ein wichtiger Schritt, zu dem die Verabschiedung des Gesetzes über staatliche Beihilfen im Rahmen der Großen Nationalversammlung beigetragen hat. Allerdings legt die Kommission für das Jahr 2010 zusätzlich fest, dass noch ein erheblicher Angleichungsbedarf in den Bereichen Justiz und Inneres, Sozialpolitik und Fischerei besteht. Auch existieren die im Rahmen der Zollunion bestehenden Handelsstreitigkeiten noch immer.

Zusammenfassend schlussfolgert die Kommission, dass die Türkei noch in vielen Bereichen die Leistungsfähigkeit der türkischen Verwaltung stärken muss. Nur so kann eine ordnungsgemäße Durchsetzung der EU-Rechtsvorschriften gewährleistet werden.

---

[111] Vgl. BMWi.

Der aktuelle Stand der Beitrittsverhandlungen mit der Türkei zeigt, dass bisher insgesamt 13 der insgesamt 33 Kapitel eröffnet wurden.[112] Allerdings wurde nur ein Kapitel abgeschlossen. Die Verhandlungen mit der Türkei verlaufen zäh, denn eine Vielzahl an Kapiteln ist blockiert. Das Zypernproblem spielt hierbei eine entscheidende Rolle. Aufgrund der Tatsache, dass Ankara das EU-Mitglied Zypern nicht anerkennt, führt die EU die Verhandlungen der betroffenen Kapitel nicht fort. Aus diesem Grund wurden die Verhandlungen über insgesamt acht Kapitel im Jahr 2006 durch die EU ausgesetzt. Die Türkei weigert sich beharrlich, die türkischen Häfen und Flughäfen für Schiffe und Flugzeuge aus dem südlichen Teil der Insel zu öffnen. Mit der Suche nach einer Lösung des Zypernproblems konnten seitdem keine erkennbaren Fortschritte erzielt werden. Meier erklärt den Stillstand der Verhandlungskapitel mit zwei verschiedenen Forderungen Ankaras und der EU. Die erste Forderung besteht in der Öffnung der türkischen Häfen. Die EU verlangt von der Türkei, dass diese das Ankara-Protokoll auch für Zypern anwendet. Die zweite Forderung dagegen besteht in der Hoffnung der Türkei auf Erleichterung beim Handel zwischen dem Norden der Insel, der von türkischen Truppen besetzt ist, und der EU.

Die Zypernfrage stellt bei den Beitrittsverhandlungen der Türkei eine große Hürde dar. Die EU-Außenminister drängen aus diesem Grund auf Fortschritte in diesem Bereich. Solle die Türkei diese Fortschritte nicht erzielen, so sollen die betroffenen Kapitel, die bereits seit vier Jahren blockiert sind, auch weiterhin nicht verhandelt werden.[113]

4.4 Fazit

Es lässt sich feststellen, dass die Kopenhagener Kriterien rechtsverbindliche Voraussetzungen der EU zur Aufnahme der Beitrittsverhandlungen mit der Türkei darstellen. Diese sind für alle Kandidatenländer gleich. Lediglich für die Türkei gibt es diesbezüglich einige Verschärfungen. Bei den wirtschaftlichen Kriterien müssen bereits vor den Beitrittsverhandlungen Schritte in diese Richtung seitens des Beitrittskandidaten unternommen werden. Dies war auch bei der Türkei der Fall. Allerdings müssen die wirtschaftlichen Kriterien nicht vollständig vor dem Beginn der Beitrittsverhandlungen

---

[112] Vgl. Europa (09.11.2010).
[113] Vgl. Meier (2010).

erfüllt werden. Dies zeigt auch der Beitritt der Länder Ost- und Mitteleuropas im Mai 2004 und im Januar 2007, denn keines dieser Länder war zu Beginn der Beitrittsverhandlungen eine voll funktionsfähige Marktwirtschaft. Auch die Übernahme des Acquis communautaire muss nicht zum Zeitpunkt des EU-Beitritts vollendet sein. Diese Tatsache verdeutlichen die zahlreichen Übergangsfristen der bisherigen Beitrittsverträge. Bei den politischen Kriterien sieht das allerdings anders aus. Diese sind die Voraussetzung für die Aufnahme der Beitrittsverhandlungen, was der Europäische Rat auch im Zusammenhang mit den Beitrittsverhandlungen der Türkei wiederholt verdeutlicht hat.[114]

Am 3. Oktober 2005 wurden schließlich nach langen Jahren die Beitrittsverhandlungen mit der Türkei eröffnet. Nach Ansicht der Europäischen Kommission erfüllte die Türkei zu diesem Zeitpunkt die Kopenhagener Kriterien ausreichend. Die zahlreichen Reformen der Türkei haben dazu beigetragen. Die Kopenhagener Kriterien sind demnach formal erfüllt.[115] Die Türkei ist vor allem in wirtschaftlicher Hinsicht Europa sehr nahe gekommen. Doch nach Hoffmann ist die Wirtschaft

„[...] nur die Sonnenseite der Entwicklung. Bürgerrechte und demokratische Freiheiten liegen im Schatten."[116]

Die Türkei ist hinsichtlich der Umsetzung der demokratischen Standards sowie der Menschenrechte noch sehr weit von Europa entfernt, denn in diesem Zusammenhang werden auch Mängel bei der Umsetzung der Reformen in der Türkei deutlich. Amnesty International kritisiert z. B., dass es vor allem noch vermehrt zu Umsetzungsmängeln bei der Verfolgung von Folterern in der Türkei kommt.[117]

Yeşilyurt vertritt die Ansicht, dass

„[...] der Wunsch nach EU-Mitgliedschaft nicht allein wirtschaftlich motiviert sein [darf], sondern muß auch die tiefere Bedeutung der wirtschaftlichen und politischen Union im politischen, gesellschaftlichen und kulturellen Bereich anerkennen."[118]

---

[114] Vgl. Langenfeld (2008), S. 5, zitiert nach: Europäischer Rat von Helsinki(1999) und Europäischer Rat von Kopenhagen (2002).
[115] Vgl. WELT ONLINE (2005).
[116] Hoffmann (2010), S. 10.
[117] Vgl. Bundesregierung (2005).
[118] Yeşilyurt (2000), S. 282.

Allerdings muss im Zusammenhang der Kopenhagener Kriterien auch beachtet werden, dass diese Aspekte die EU-Mitgliedschaft der Türkei nicht grundsätzlich in Frage stellen. Vielmehr tragen sie zu dem Problem bei, ob die Beitrittsverhandlungen weitergeführt werden und wann diese abgeschlossen werden können. Das Tempo, mit dem die Beitrittsverhandlungen vorangehen, hängt hauptsächlich von der Umsetzung der Reformen und der Anpassung der Gesetze an die Standards der EU ab.[119]

---

5 Konfliktpotenziale des EU-Beitritts der Türkei

Die Türkei ist das erste muslimisch geprägte Land, das eine EU-Mitgliedschaft anstrebt. Bereits seit 1964 ist sie mit der EU assoziiert und seit Oktober 2005 führt die EU mit der Türkei Beitrittsverhandlungen.

Die Perspektive eines EU-Beitritts der Türkei führte in den Ländern der EU bereits seit der Entscheidung des Europäischen Rates, die Verhandlungen mit der Türkei zu beginnen, zu einer kontroversen Diskussion, die auch heute noch anhält.

5.1 Die Einstellung der EU-Bürger gegenüber dem angestrebten Beitritt der Türkei

Entscheidend ist bei der Analyse dieser Debatte, dass die Diskussion um den EU-Beitritt und die damit verbundene Integration der Türkei in die Strukturen der EU weit über die bisher untersuchten Kopenhagener Kriterien (Kapitel 4) hinausgeht. Es geht im 5. Kapitel dieses Buches nicht um die Frage, ob die Türkei die von der EU aufgestellten Beitrittskriterien erfüllt und somit reif für einen Beitritt ist. Denn diese Aspekte stellen die angestrebte EU-Mitgliedschaft nicht grundsätzlich in Frage. Bei dieser zweiten Diskussionsebene geht es in erster Linie um die Frage, ob dieser Beitritt nach Ansicht der EU-Bürger wünschenswert ist. Dadurch kommen ganz andere Argumente zum Tragen, die nach den kulturellen, politischen, sozialen und wirtschaftlichen Wirkungen eines EU-Beitritts der Türkei fragen. Sie spiegeln die Sorgen und Ängste der EU-Bürger im Zusammenhang des EU-Beitritts der Türkei wider. Die Argumente, die am Häufigsten in dieser Diskussion zum Tragen kommen, stellen den zentralen Untersuchungsgegenstand in diesem Kapitel dar und werden veranschaulicht. Die empirischen Grundlagen bilden bei dieser Untersuchung diverse Sekundäranalysen von Befragungen der EU-Bürger.

Abbildung 2 verdeutlicht darüber hinaus die Einstellung der 27 Mitgliedsländer gegenüber dem EU-Beitritt der Türkei.

In dieser Studie, die im Jahr 2006 von der Europäischen Kommission (Eurobarometer 66.1) durchgeführt wurde, geht es um die Meinung der Bürger der insgesamt 27 EU-Mitgliedsländer zum Beitritt der Türkei. Gerhards und Hans von der Freien Universität Berlin haben im Rahmen ihrer Analyse die Ergebnisse des Eurobarometers

66.1 ausgewertet und in einer Grafik (Abbildung 2) zusammengefasst.[120]

Abbildung 2: <u>Welche der 27 Mitgliedsländer der EU unterstützen den EU-Beitritt der Türkei?</u>

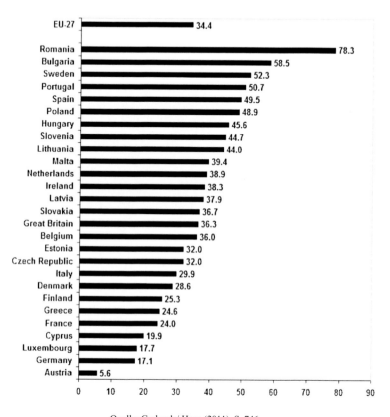

Quelle: Gerhards/ Hans (2011), S. 746,
basierend auf den Daten von: Eurobarometer 66.1 (2006).

Das Ergebnis ist ernüchternd, wie man der Abbildung 2 unschwer entnehmen kann. Nur etwa ein Drittel der EU-Bürger aus den 27 Mitgliedsländern unterstützt den Beitritt der Türkei. Dazu gehören Rumänien, Bulgarien, Portugal und Schweden. Alle anderen EU-Bürger lehnen den Beitritt der Türkei ab. Insgesamt beträgt die Zustimmung zum Beitritt der Türkei in den restlichen 23 Mitgliedsländern weniger als 50 Prozent. Die

---

[120] Vgl. Gerhards/Hans (2011), S. 745f.

Ablehnung der Perspektive auf eine Vollmitgliedschaft der Türkei ist in weiten Teilen Europas überwältigend. Die größte Ablehnung ist in Österreich und Deutschland zu erkennen. In Österreich sind es insgesamt nur 5,6 Prozent der Bürger, die dem EU-Beitritt der Türkei zustimmen, und in Deutschland sind es 17,1 Prozent. Betrachtet man die Umfrageergebnisse aller 27 Mitgliedsländer, so ergibt sich ein Anteil von insgesamt 34,4 Prozent der EU-Bürger, die eine Beitrittsperspektive der Türkei positiv bewerten. Gerhards und Hans stellen diesbezüglich fest:

„The chances that Turkey's accession will be accepted by citizens in all EU Member States are therefore very slim." [121]

Zusätzlich bewerten Gerhards und Hans in ihrer Analyse die Zustimmung zum EU-Beitritt der Türkei im Vergleich mit der Zustimmung zum EU-Beitritt anderer Beitrittskandidaten und werten hierbei weitere Umfrageergebnisse des Eurobarometers 66.1 aus. Die Umfrage umfasst sowohl Länder mit einem Kandidatenstatus (z. B. Kroatien) als auch potenzielle Kandidaten für die EU-Mitgliedschaft (z. B. Bosnien, Montenegro, Mazedonien und Albanien).

Die Ergebnisse zeigen, dass auch die Zustimmung zum EU-Beitritt der Balkanländer innerhalb der EU-27 nicht besonders hoch ist. Im Rahmen dieser Umfrage erhielt Kroatien die größte Zustimmung mit 59,7 Prozent. Albanien dagegen erhielt die geringste Zustimmung, die insgesamt 40,3 Prozent beträgt. Anhand dieser Ergebnisse wird deutlich, dass der Wunsch der EU-27, die Türkei als Vollmitglied in der EU aufzunehmen, verglichen mit anderen Kandidatenländern und potenziellen Kandidaten, mit deutlichem Abstand am geringsten ist. Die Mehrheit der EU-Bürger steht demnach dem EU-Beitritt der Türkei skeptisch gegenüber. [122] Abbildung 3 zeigt zudem sehr deutlich, dass diese Skepsis unter den EU-Bürgern innerhalb der letzten Jahre enorm angestiegen ist. Bei dieser Erhebung geht es um die Entwicklung der ablehnenden Haltung gegenüber dem EU-Beitritt der Türkei in den Jahren 1997 bis 2006, die sich auf die EU-15, die EU vor der Osterweiterung, bezieht. [123]

---

[121] Gerhards/Hans (2011), S. 746f.
[122] Vgl. Gerhards/ Hans (2011), S. 745ff.
[123] Vgl. ebd., S. 742.

Abbildung 3: Entwicklung der ablehnenden Haltung gegenüber dem EU-Beitritt der Türkei in 15 EU-Mitgliedsstaaten von 1997 – 2006 (%)

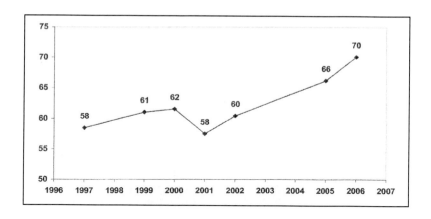

Quelle: Gerhards/ Hans (2011), S. 747,
basierend auf den Daten von: Eurobarometer 66.1 (2006).

Am Verlauf der Grafik ist seit dem Jahr 2001 ein deutlicher Anstieg der Ablehnung gegenüber dem EU-Beitritt der Türkei erkennbar. Dieser Anstieg hängt mit der Diskussion um den Beitritt der Türkei zusammen, die im Jahr 2001 wieder aufgeflammt ist und im Zuge der Aufnahme der Beitrittsverhandlungen mit der Türkei im Jahr 2005 noch einmal zusätzlich zu einer ablehnenden Haltung bei den EU-Mitgliedsländern geführt hat.[124]

Die Einstellung der EU-Bürger gegenüber dem EU-Beitritt der Türkei ist bei der Frage nach der Realisierbarkeit ihrer Integration in die EU nicht unbedeutend. Es gibt mehrere Möglichkeiten, die den Beitritt der Türkei verhindern könnten. Eine Möglichkeit stellt ein Beschluss über die Aussetzung der Beitrittsverhandlungen dar. Diese Option ist erstmals ausdrücklich bei den Verhandlungen mit Kroatien und auch der Türkei vorgesehen. Der Rat kann auf Vorschlag der Kommission oder aber auch auf Antrag eines Drittels der EU-Mitgliedsstaaten mit einer qualifizierten Mehrheit die Aussetzung der Verhandlungen beschließen. Schwerwiegende sowie dauerhafte Verstöße der Türkei gegen die Grundwerte der EU, wie Demokratie und Menschenrechte, können folglich die Beitrittsverhandlungen hinauszögern und behindern. Auf diese Weise kann auch die

---

[124] Vgl. Leggewie (2004), S. 14.

Wiederaufnahme der Beitrittsverhandlungen beschlossen werden.[125]

Aber auch wenn die Beitrittsverhandlungen mit der Türkei erfolgreich abgeschlossen werden können, so steht nach Gerhards und Hans eines fest:

„[...] Turkey`s accession is not secure.“[126]

Der Grund für diese Annahme ist die Möglichkeit der einzelnen Mitgliedsländer ein Referendum abzuhalten, wie es in Frankreich und Österreich der Fall ist. Dabei handelt es sich um eine Volksabstimmung über den EU-Beitritt der Türkei in dem jeweiligen EU-Mitgliedsland. Den Ausgang dieser Wahl bestimmen die Bürger des betroffenen Mitgliedslandes. Bei einer mehrheitlichen Ablehnung kann der Beschluss vom Europäischen Parlament über den Beitritt der Türkei nachträglich abgelehnt werden.[127] Der frühere österreichische EU-Kommissar Franz Fischler argumentiert in diesem Zusammenhang:

„Nicht nur in Österreich, sondern auch in anderen Staaten hat man der Bevölkerung zugesagt, dass es am Ende des Prozesses ein Referendum geben wird. Und die Wahrscheinlichkeit, dass eines dieser Referenden schief geht, ist ziemlich hoch, sodass die Wahrscheinlichkeit, dass die Türkei EU-Mitglied werden kann, als sehr gering eingeschätzt werden muss.“[128]

Auf dieser Grundlage wird deutlich, wie entscheidend die Ansicht der EU-Bürger über den EU-Beitritt der Türkei für den tatsächlichen Beitritt auch nach den erfolgreich abgeschlossenen Beitrittsverhandlungen sein kann. Aufgrund dieser Tatsache und bei der Betrachtung der bisherigen Ergebnisse, die Gerhards und Hans im Zuge der Auswertung der Daten des Eurobarometer 66.1 erhalten haben, erhält die Analyse der Gründe für die stark ablehnende Haltung der EU-Bürger eine überaus hohe Bedeutung.

Der angestrebte EU-Beitritt der Türkei wirft demnach die Frage nach den Gründen für die ablehnende Haltung der EU-Bürger auf. Welche Kriterien spielen in diesem Zusammenhang eine zentrale Rolle? Eine Analyse der Argumente verschiedener EU-Bürger wird bei der Beantwortung dieser Fragen im Mittelpunkt stehen. Es geht hierbei um die Darstellung der in der bisherigen öffentlichen Debatte um den EU-Beitritt

---

[125] Vgl. Weidenfeld/Wessels(2007), S. 123.

[126] Gerhards/Hans (2011), S. 745.

[127] Vgl. ebd., S. 745.

[128] Wernitznig (2011), Interview mit Franz Fischler.

der Türkei vorgebrachten Positionen und Argumente. Dazu gehören zum einen die Argumente, die gegen diesen Beitritt sprechen. Zum anderen muss in diesem Zusammenhang auch die Position der Befürworter des Beitritts und ihre Argumente betrachtet werden. Dieser Teil der Studie behandelt die zweite Diskussionsebene (Ebene 2, siehe: Abbildung 1), deren Analyse zur Bewertung der zentralen Fragestellung dieser Studie (*Ist die Integration der Türkei in die EU realisierbar?*) beitragen soll. Diese zweite Diskussionsebene geht weit über die Kopenhagener Kriterien, die im Rahmen der ersten Diskussionsebene (Kapitel 4) diskutiert wurden, hinaus. Sie versucht bezüglich eines EU-Beitritts der Türkei Antworten zu finden, und zwar nicht anhand der Frage, ob diese dafür reif ist, sondern ob dieser Beitritt an sich wünschenswert und vorteilhaft oder eben nachteilig für die EU sei.

In diesem Kapitel wird versucht, diese Debatte zu versachlichen und aus einem rationalen Blickwinkel zu betrachten, da sie aufgrund der Fülle an Argumenten und Meinungen sehr unübersichtlich und vor allem stark emotionalisiert ist. Verwunderlich ist das nicht, da es schließlich um die Sorgen und Ängste der EU-Bürger geht.

Die Analyse ist dabei auf zwei relevante Themenfelder und die Darstellung der Hauptargumente beschränkt. Es erfolgt eine intensive Auseinandersetzung mit den folgenden Faktoren:

- die kulturellen Unterschiede zwischen der Türkei und der EU
- die Aufnahmefähigkeit der EU

Die Auswahl dieser Faktoren erfolgte aufgrund der Tatsache, dass sie am geeignetsten für die Erörterung der meist ablehnenden Haltung der EU-Bürger gegenüber dem Beitritt der Türkei erscheinen. Die Ergebnisse der in Deutschland durchgeführten Umfrage von TNS emnid, dem weltweit führenden Anbieter für Marktforschung und Sozialforschung, mit der Frage nach den größten Sorgen der Deutschen bei einem möglichen EU-Beitritt der Türkei, bestätigt zusätzlich diese Vermutung. Abbildung 4 zeigt die Umfrageergebnisse in Deutschland, ein EU-Mitglied, in dem die Ablehnung gegenüber dem Beitritt der Türkei am Größten ist.

Es ist deutlich erkennbar, dass die größte Sorge der Deutschen bei einem EU-Beitritt der Türkei der wachsende Einfluss des Islam in Europa ist. Insgesamt 30 Prozent der

Befragten nannte im Rahmen dieser Umfrage diesen Aspekt. Die Sorge vor zu hohen Kosten für Subventionen in der Türkei ist mit 21 Prozent ebenfalls weit in Deutschland verbreitet. Weitere Faktoren, die in diesem Zusammenhang von der Mehrheit der Deutschen genannt wurden, sind mit 16 Prozent die Sorgen vor einer wachsenden Einwanderung aus der Türkei, mit 13 Prozent die Möglichkeit einer schärferen Konkurrenz auf dem Arbeitsmarkt und ebenfalls mit 13 Prozent die Schwächung der EU aufgrund der Sorge um ihre begrenzte Aufnahmefähigkeit.[129]

Abbildung 4: Die größten Sorgen der Deutschen bei einem EU-Beitritt der Türkei

---

Was bereitet Ihnen bei einem möglichen EU-Beitritt der Türkei die größten Sorgen?

Wachsender Einfluss des Islam in Europa:
30 %

Hohe Kosten für Subventionen in der Türkei:
21 %

Wachsende Einwanderung aus der Türkei:
16 %

Schärfere Konkurrenz auf dem Arbeitsmarkt:
13 %

Schwächung der EU, weil sie zu groß wird:
13 %

Quelle: Schönlebe (2006), S. 30.
Zitiert nach: TNS emnid, erschienen in: Greenpeace Magazin 4/06.

Die für die Analyse in diesem Kapitel gewählten Aspekte der kulturellen Unterschiede zwischen der EU und der Türkei und der Aufnahmefähigkeit der EU spiegeln die Ergebnisse der Umfrage wieder. Die gewählten Themen entsprechen somit den größten Sorgen der EU-Bürger im Zusammenhang mit dem EU-Beitritt der Türkei und erscheinen aus diesem Grund am geeignetsten zu sein. Allerdings wird nicht diskutiert, ob und wann die Türkei die für den EU-Beitritt notwendigen Kriterien erfüllt. Vielmehr

---

[129] Vgl. Schönlebe (2006), S. 28, basierend auf den Daten von: TNS emnid, in: Greenpeace Magazin

geht es hierbei um die Darstellung der in diesem Zusammenhang auftretenden Sorgen und Ängste der EU-Bürger.

5.2 Warum ist eine Integration der Türkei nicht realisierbar? – Positionen und Argumente der EU-Bürger zum EU-Beitritt der Türkei

Die Argumente der Debatte gegen den EU-Beitritt der Türkei sind vielfältig. Bezug nehmend auf die im vorherigen Abschnitt (Kapitel 5.1) festgelegten Themenfelder, werden in diesem Kapitel die Hauptargumente der Gegner des EU-Beitritts dargestellt und analysiert. Wie bisher in diesem Buch verdeutlicht wurde, stehen bei der Beurteilung der Integrationsreife der Türkei durch die Europäische Kommission die ökonomischen und politischen Faktoren im Vordergrund. Diese Aspekte lassen sich folglich auch vielfach diskutiert in der öffentlichen Debatte wiederfinden. Doch die Ergebnisse der Umfrage von TNS emnid (Abbildung 4) verweisen auf einen weiteren Faktor der Debatte um die Integrierbarkeit der Türkei in die EU: die kulturellen Unterschiede zwischen der Türkei und der EU. Anhand dieser Umfrageergebnisse ist die größte Sorge der deutschen EU-Bürger der wachsende Einfluss des Islam in Europa. Die Vermutung liegt deshalb nahe, dass die Probleme einer Integration der Türkei in die EU nicht nur von den ökonomischen und politischen Differenzen zwischen der Türkei und der EU abhängen, sondern vor allem auch von den kulturellen Unterschieden, die allerdings nicht im Rahmen der von der EU festgelegten Beitrittskriterien überprüft werden. Die Ergebnisse der Umfrage belegen die Bedeutung der kulturellen Unterschiede für die deutschen EU-Bürger.

Doch muss in diesem Zusammenhang auch bedacht werden, dass die Bürger in den verschiedenen EU-Staaten auch sehr verschiedene Vorstellungen darüber haben können, wie Gesellschaften organisiert sein sollen. Nach Gerhards und Hölscher bilden diese Vorstellungen von einer idealen Gesellschaftsform eine bedeutende Bezugsgröße für die Stabilität der EU. Sie gehen davon aus, dass eine erweiterte EU auf Dauer keine stabile Institution sein kann, wenn sie nicht mit den Wertevorstellungen der EU-Bürger kompatibel ist. Aus diesem Grund ist die Untersuchung der verschiedenen Vorstellungen der Bürger bezüglich der idealen Organisationsform der Gesellschaft von großer Bedeutung. Es soll herausgefunden werden, ob die Beitrittsländer zu der Kultur der Mitgliedsländer passen.

Nach Gerhards und Hölscher setzt diese Untersuchung einen normativen Bezugspunkt voraus. Anhand dieses Bezugspunktes kann darüber entschieden werden, ob die Länder zur EU passen. Dementsprechend wird das kulturelle Selbstverständnis der EU rekonstruiert, das die Akteure der EU anleitet. Dieses besteht aus dem Primär- und Sekundärrecht der EU sowie aus der Verfassung. Daraus ergibt sich die Werteordnung der EU, zu der die verschieden Wertvorstellungen über Religion, Politik und Ökonomie gehören. Diese bestimmen die Vorstellungen der EU und formen auf diese Weise das kulturelle Selbstverständnis der EU. Gerhards und Hölscher erläutern in diesem Zusammenhang:

„Die kulturelle Identität der EU besteht also für uns aus dem, was die EU selbst als diese definiert. "[130]

Es ist also davon auszugehen, dass die Werteorientierungen der Bürger stark von ihren Religionsvorstellungen beeinflusst werden. Aus diesem Grund dienen die Vorstellungen der EU über eine wünschenswerte Gesellschaft als normativer Bezugspunkt bei den Untersuchungen. Zu diesen Vorstellungen der EU über eine wünschenswerte Gesellschaft gehören unter anderem die Rolle von Religionen, die Staatsform und auch die Wirtschaftsordnung. Mit solch einem normativen Bezugspunkt kann angemessen analysiert werden, ob die jeweiligen Länder zum Selbstverständnis der EU passen oder nicht.[131]

5.2.1 Die kulturellen Unterschiede zwischen der Türkei und der EU

5.2.1.1 Argumente gegen den EU-Beitritt der Türkei

Wie die Ergebnisse der Umfrage von TNS emnid (Abbildung 4) über die größten Sorgen der Deutschen verdeutlichen, stellt der kulturelle Aspekt des EU-Beitritts der Türkei eine zentrale Sorge der EU-Bürger dar. Eine Umfrage von Ipsos, dem weltweit drittgrößten Marktforschungsunternehmen, die im Dezember 2002 in Frankreich durchgeführt wurde, bestätigt ebenfalls diese Tatsache. Laut dieser Umfrage spielt auch die Angst der

---

[130] Gerhards/Hölscher (2005), S. 15.
[131] Vgl. Gerhards/Hölscher (2005), S. 13ff.

EU-Bürger vor einer massiven Einwanderung der türkischen Bevölkerung in die reichen Länder der EU eine bedeutende Rolle.[132] Zusätzlich ist die Angst vor dem Verlust der eigenen europäischen Identität durch die befürchtete Einwanderungsflut unter den befragten EU-Bürgern weit verbreitet.

Ein Aspekt, der in diesem Zusammenhang die Bedeutung der kulturellen Unterschiede zwischen der EU und der Türkei besonders hervorhebt, ist die Erkenntnis von Hooghe und Marks:

„[...] *cultural variables have an even stronger influence on general attitudes towards European integration than do economic considerations [....].*"[133]

In Anbetracht dieser Tatsache werden die Ursachen, die für das Gefühl der Bedrohung bei den EU-Bürgern durch die kulturellen Unterschiede zwischen der EU und der Türkei verantwortlich sind, im folgenden Abschnitt genauer untersucht.

Zuerst wird im Rahmen dieser Untersuchung festgelegt, dass zu den kulturellen Verschiedenheiten viele verschiedene Bereiche gehören. Beispiele hierfür sind unter anderem die Sprache, die Religion sowie die Wertvorstellungen eines Landes.

Nach Gerhards und Hans eignen sich allerdings die religiösen Unterschiede am Besten, um die Skepsis der EU-Bürger gegenüber dem Beitritt der Türkei zu verdeutlichen. Der Beitritt der Türkei ruft im Vergleich zu anderen EU-Beitritten die stärkste Ablehnung bei den Bürgern der EU hervor. Gerhards und Hans gehen davon aus, dass der enorme Anteil an Muslimen in der türkischen Bevölkerung ausschlaggebend für diese Ablehnung ist. In den bisherigen Erweiterungsrunden der EU gab es noch kein anderes Land, in dem der Islam so stark verbreitet war. Der Aspekt der Religion verängstigt die europäische Bevölkerung, die zum überwiegenden Teil aus Christen besteht. Gerhards und Hans belegen diese Annahme mit den Ergebnissen der European Values Study, einer empirischen Langzeitstudie zu den Werten und Einstellungen der Europäer.[134] Demnach haben viele EU-Bürger verschiedener Mitgliedsländer eine stärkere Abneigung gegen Muslime als gegen die Immigration. Es ist davon auszugehen, dass diese Ansichten von der Religion des Einzelnen abhängig sind. Die Muslime unter den EU-Bürgern haben im Gegensatz zu den Christen keine Abneigung gegen den Beitritt eines so bevölkerungsreichen muslimischen Landes wie der Türkei, in dem es etwa 99 Prozent

---

[132] Vgl. Ipsos (2002).
[133] Gerhards/Hans (2011), S. 753, zitiert nach: Hooghe/Marks (2005), S. 419ff.
[134] Vgl. Gerhards/Hans (2011), S. 753, zitiert nach: Strabac/Listhaug (2008), S. 268ff.

Muslime gibt.[135] Dabei geht es vorrangig um religiöse Werte wie die Gleichstellung der Geschlechter, die vor allem Christen und ebenso auch Atheisten in der EU als grundverschieden im Vergleich zu den eigenen Werten empfinden, woraus eine starke Ablehnung dieser fremden religiösen Werte resultiert. Es besteht darüber hinaus die weit verbreitete Ansicht, dass Muslime den säkularen Charakter Europas, z. B. durch das Tragen eines Kopftuches, bedrohen.[136]

Ernst-Wolfgang Böckenförde, der ehemalige Bundesverfassungsrichter, bestätigt diesen Aspekt zusätzlich. Er vertritt die Ansicht, dass auch die zahlreichen Reformgesetzte in der Türkei nicht darüber hinwegtäuschen dürfen, dass Europa und die Türkei geschichtlich und kulturell grundlegend verschieden sind. Er bezieht sich hierbei ebenfalls auf die bisher dargestellten Unterschiede zwischen der christlichen Religion und dem Islam. Böckenförde macht darauf aufmerksam, dass der Aspekt der Religion zwar der am Häufigsten genannte Grund für die Ablehnung der Türkei in der EU ist. Doch das eigentliche Problem ist nicht die Religion. Vielmehr handelt es sich um ein Problem, das die Kultur und Mentalität, die auf der einen Seite von der christlichen Religion geprägt sind und auf der anderen Seite vom Islam, betrifft. In Europa und der Türkei haben sich daraufhin verschiedene Grundeinstellungen, Lebensformen und auch Traditionen herauskristallisiert. Böckenförde spricht in diesem Zusammenhang von einem kulturellen Erbe, das die Menschen über lange Zeit geformt und sich auf ihre Denkweise und ihr Empfinden ausgewirkt hat. Aus seiner Sicht

„[...] gehört die christliche Religion zum kulturellen Boden Europas, der Islam zum kulturellen Boden der Türkei."[137]

Nach Kramer fehlen einige Aspekte des gemeinsamen europäischen Erbes in der türkischen Tradition, die verantwortlich für die Entstehung der politischen Kultur, der Werte Europas und der institutionellen Systeme sind. Als Beispiele sind an dieser Stelle die Aufklärung und die bürgerliche Revolution in der Geschichte Europas zu nennen.[138] Die türkische Kultur scheint also nicht mit der europäischen Kultur vereinbar zu sein, was anhand dieser Aussage deutlich wird. Und auch die EU-Bürger sind den Umfrageergebnissen zufolge von dieser Unvereinbarkeit überzeugt.

---

[135] Vgl. Großbongardt (2006), S. 102.
[136] Vgl. Gerhards/Hans (2011), S. 753f.
[137] Böckenförde (2004).
[138] Vgl. Yeşilyurt (2000), S. 272, zitiert nach: Kramer, Heinz (1987); in: Integration, S.161.

Die Religion dient in dieser Debatte vielen Bürgern zur Abgrenzung der verschiedenen Kulturräume sowie zur Definition der Grenzen Europas, die nach ihrer Ansicht durch einen Beitritt der Türkei deutlich überschritten werden.[139]

Gerhards und Hölscher haben im Rahmen ihrer Studie über die kulturellen Unterschiede in der EU geprüft, ob und in welchem Maße die Gesellschaftsvorstellungen der EU von den Bürgern der Mitglieds- und Beitrittsländer im Bereich Religion unterstützt werden. Die Zusammenfassung dieser Ergebnisse verleiht den bisher dargestellten Sorgen der deutschen EU-Bürger vor der Religion, die sich im Zuge des EU-Beitritts der Türkei stark nach Europa ausdehnen und verbreiten könnte, zusätzlich Nachdruck.

Abbildung 5 verdeutlicht zudem die Ergebnisse von Gerhard und Hölscher bezüglich der Umfrage über die Unterstützung der EU-Gesellschaftsvorstellungen von den Bürgern der Mitgliedsländer und der Beitrittskandidaten.

Es handelt sich hierbei um eine relative Messung der Unterstützung der EU-Positionen durch die EU-15, durch die Beitrittsländer der ersten Beitrittsrunde der Osterweiterung 2004 (Beitritt I: Slowenien, Estland, Tschechien, Slowakei, Lettland, Ungarn, Polen, Litauen, Malta, Zypern), durch die Beitrittsländer der zweiten Beitrittsrunde 2007 (Beitritt II: Bulgarien, Rumänien) und durch die Türkei. Nach Gerhards und Hölscher steht der Wert 0 für eine durchschnittliche Unterstützung für die Position der EU. Positive Werte bedeuten in diesem Zusammenhang eine überdurchschnittliche Unterstützung. Aus negativen Werten dagegen lässt sich eine unterdurchschnittliche Unterstützung ableiten.[140]

Anhand der Ergebnisse ist eindeutig erkennbar, dass die fünfzehn Kernländer der EU (EU-15) die höchste Unterstützung für den Bereich Religion der EU-Gesellschaftsordnung aufweisen. Die Unterstützung in den insgesamt zehn neuen Beitrittsländern (Beitritt I) der Osterweiterung 2004 ist im Gegensatz dazu etwas geringer. In Bulgarien und vor allem Rumänien (Beitritt II) fällt diese Unterstützung sogar noch etwas geringer aus. Auffällig negativ ist mit Abstand die Unterstützung für die EU-Gesellschaftsordnung im Bereich Religion in der Türkei.

Es lässt sich anhand der Ergebnisse feststellen, dass die Unterstützung für die EU-Gesellschaftsordnung im Bereich Religion mit der Integration weiterer überwiegend osteuropäischer Mitgliedsländer durch die EU mit jeder Erweiterungsrunde schwächer wurde. Es ist aufgrund der negativen Ergebnisse, die die Umfrage bezüglich der Türkei

---

[139] Vgl. Gerhards (2004), S. 14f, zitiert nach: Huntington (1996), S. 251f.
[140] Vgl. Gerhards/Hölscher (2005), S. 11f, S. 253.

liefert, stark davon auszugehen, dass sich mit der Erweiterung der EU vor allem durch die
Türkei zusätzlich die Unterstützung für die europäische Gesellschaftsordnung schwächen
wird und sich somit das kulturelle Wertgefüge der EU im Hinblick auf die religiösen
Vorstellungen verändern wird.

Abbildung 5: Gesamtwerte der Länder für die Unterstützung der EU-Gesellschaftsordnung im
Bereich Religion

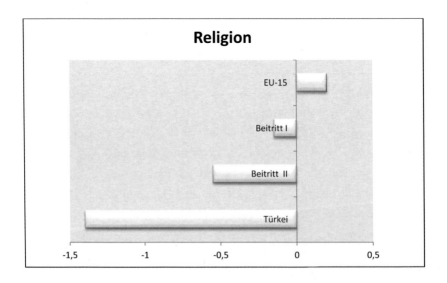

Quelle: Gerhards/Hölscher (2005), S. 254.

Die Vorstellung der EU-Institutionen im Hinblick auf eine Trennung von Gesellschaft
und Religion wird demzufolge immer weniger Zustimmung erhalten.[141] Gerhards und
Hölscher fügen ergänzend hinzu:

*„Mit der schrittweisen Erweiterung der EU wird sich das Wertgefüge innerhalb der EU
insgesamt verschieben und zwar in der Weise, dass das Skript der EU immer weniger
Unterstützung erfahren wird."[142]*

---

[141] Vgl. Gerhards/Hölscher (2005), S. 87, S. 253ff.
[142] Gerhards/Hölscher (2005), S. 255.

In ihrer Studie erklären Gerhards und Hölscher die Unterschiede im Grad der Trennung von Gesellschaft und Religion mit dem Integrationsgrad in die jeweilige Religionsgemeinschaft. Demzufolge spielt die spezifische Konfessionszugehörigkeit bei der Bestimmung der Nähe zur EU eine geringere Rolle als der Integrationsgrad. Auch der Modernisierungsgrad ist in diesem Zusammenhang von großer Bedeutung, denn dieser übt einen gewichtigen Einfluss auf die Akzeptanz der Religionsvorstellungen der EU aus. Die Erkenntnis, die Gerhards und Hölscher im Rahmen ihrer Untersuchungen erhalten haben, ist die Tatsache, dass die Bürger eher eine europäische Trennung von Gesellschaft und Religion unterstützen, je stärker eine Gesellschaft modernisiert ist. Folglich ist auch in Ländern, die eine geringe Modernisierung und zusätzlich eine hohe Integration in die Kirchen aufweisen, die Unterstützung dieser Trennung gering. Dies trifft vor allem auf die Türkei zu, bei der der kulturelle Unterschied besonders schwer, im Falle eines EU-Beitritts, ins Gewicht fallen würde. Der Grund dafür sind die hohen Geburtenziffern und die hohe Bevölkerungsdichte der Türkei im Gegensatz zu den anderen EU-Ländern. Die Türkei wäre somit das bevölkerungsreichste Mitgliedsland der EU.[143]

5.2.1.2 Argumente für den Beitritt

Zu den Befürwortern des EU-Beitritts der Türkei gehört Cengiz Aktar. Er ist einer der angesehensten EU-Experten der Türkei und argumentiert, dass sich der türkische Islam verändert, ebenso wie die anderen Länder, die erst vor kurzer Zeit der EU beigetreten sind. Er weist darauf hin, dass die EU ein Prozess ist, der sich ständig weiterentwickelt und genauso wie die bisherigen Beitrittskandidaten auch die Türkei lenken wird:

„Wir sollten auf die Dynamiken dieses Projektes blicken und uns auf das türkische Potenzial konzentrieren, sich zu verändern [...]. Aber solange die Debatte unter diesen Vorzeichen [der kulturellen Unterschiede als eine unüberwindbare Hürde – Anm. d. Verf.]geführt wird, sind wir verloren. Denn dann werden wir immer weiter darüber diskutieren, ob wir kulturell oder religiös oder irgendwie anders europäisch sind oder nicht."[144]

Nach Aktar sollte die EU den Beitritt der Türkei samt den kulturellen Unterschieden als

---

[143] Vgl. ebd., S. 98.
[144] Schönlebe (2006), S. 31, ein Interview mit: Cengiz Aktar.

eine Möglichkeit sehen, den ganzen Menschen auf der Welt zu verdeutlichen, dass sie sogar ein muslimisches Land wie die Türkei integrieren kann. Zusätzlich verweist er auf die große Anziehungskraft, die eine von der EU aufgenommene europäische Türkei mit sich bringen würde. Er verdeutlicht zudem die großen Fortschritte, die die Türkei in den letzten Jahren im Zuge ihrer „Europäisierung" gemacht hat. Bereits die arabischen Nachbarn investieren in die Türkei, da sie zuverlässig ist und immer europäischer wird, und nicht aufgrund der Tatsache, dass die Türkei ein muslimisches Land ist.

Auch im Hinblick auf die Sorge vor einer großen türkischen Zuwanderungswelle auf dem europäischen Arbeitsmarkt ist Aktar optimistisch. In seiner Argumentation erinnert er an den EU-Beitritt der Tschechischen Republik. Trotz einer in Deutschland eingeführten Quote blieb die erwartete Zuwanderungswelle aus. Als Grund dafür nennt Aktar die Tatsache, dass die Menschen in ihrem Land zufrieden sind und aus diesem Grund keine Notwendigkeit einer Migration in andere EU-Staaten sehen. Im Falle der Türkei ist es ähnlich. Es ist nicht davon auszugehen, dass das türkische Volk, das dank der starken Entwicklung im Rahmen der Verhandlungen mit der EU z. B. in Antalya Arbeit findet, die Türkei verlassen wird. Diese Annahme belegt er mit einer Regel der Migrationsforschung, die besagen soll, dass Menschen nur im Falle von Bedrohung oder schwierigen wirtschaftlichen oder politischen Bedingungen den Ort ihrer Geburt verlassen. Aus diesem Grund vertritt Aktar die Ansicht, dass es nur das eine Ziel geben sollte: die Entwicklung der Kandidatenländer so zu fördern, dass sie ihren Bürgern ein gutes Leben ermöglichen können.[145]

5.2.2 Die Erweiterungsfähigkeit der EU

Ein ebenfalls vielfach diskutierter Aspekt im Zusammenhang der Türkei-Debatte ist neben den kulturellen Unterschieden die Frage nach der Erweiterungsfähigkeit der EU. Die Analyse der Auswirkungen eines EU-Beitritts der Türkei auf dem Hintergrund der Aufnahmefähigkeit der EU liefert eine ganz andere Perspektive dieser Debatte als dies bei der Analyse der kulturellen Unterschiede des vorhergehenden Kapitels der Fall war. Ermagan merkt in diesem Zusammenhang an:

---

[145] Vgl. Schönlebe (2006), ein Interview mit: Cengiz Aktar.

„Die Realisierung einer EU-Mitgliedschaft hängt nicht nur von den Neigungen innerhalb der Türkei, sondern auch von denen innerhalb der EU und deren Wechselwirkung ab."[146]

Die Analyse und Beurteilung dieses Aspekts, der im Zusammenhang mit dem EU-Beitritt der Türkei an Diskussionspotenzial gewonnen hat, ist der Hauptbestandteil dieses Kapitels.

Die EU-Erweiterung ist eine der erfolgreichsten Politiken der EU, die einen großen Beitrag zur Stabilisierung der politischen und wirtschaftlichen Entwicklung in den Beitrittsländern geleistet hat. Die Integration von Nachbarländern dient im Sinne der EU-Sicherheitsstrategie zur Begegnung von Gefahren, da Europa in geopolitischer Sichtweise in einer eher unruhigen Nachbarschaft liegt.[147]

Allerdings muss an dieser Stelle angemerkt werden, dass jede Erweiterung auch die politische Konstellation innerhalb der EU verändert und eine vermehrte Vielfalt an Interessen auftritt. Diese Tatsache erschwert die Entscheidungsprozesse sowie die kollektive Handlungsfähigkeit der EU.[148]

Nach Hochleitner und Scheich befindet sich die EU in einer Legitimitätskrise. Den Ursprung dieser Krise bilden die jüngsten Erweiterungsrunden der EU, vor allem aber die Osterweiterung. Diese Erweiterungen führten innerhalb kürzester Zeit fast zu einer Verdoppelung der Mitgliedsländer. Entscheidend ist in diesem Zusammenhang eine steigende Heterogenität der inneren EU bezüglich des wirtschaftlichen und sozialen Entwicklungsstandes, die mit jeder Erweiterungsrunde angestiegen ist und auch weiterhin ansteigen wird. Folglich ist die heutige EU mit 27 Mitgliedern wesentlich heterogener als die EU-15. Hochleitner und Scheich kritisieren, dass die große Erweiterung im Jahr 2004 ohne ausreichende Vorbereitungen in politischer und institutioneller Sicht durchgeführt wurde. Die EU muss zuerst reformiert und vertieft werden, um im Zuge einer so großen Erweiterungsrunde erweiterungsfähig zu bleiben.[149]

Im Vertrag über die EU ist das Ordnungsprinzip der EU, die Homogenität, festgelegt. Demnach sollen die Mitgliedstaaten bezüglich ihrer Verfasstheit oder Strukturprinzipien gleichartig sein. Die Erfüllung der Kopenhagener Kriterien durch die Mitgliedsländer soll dazu sicherstellen, dass diese dem Homogenitätsgebot der EU entsprechen.[150]

---

[146] Ermagan (2010), S. 27.
[147] Vgl. Atilgan/Klein (2006), S. 3f.
[148] Vgl. Lippert (2007), S. 128.
[149] Vgl. Hochleitner/Scheich (2006), S. 5.
[150] Vgl. ebd., S. 9f.

Die Funktionsfähigkeit der EU ist diesbezüglich von entscheidender Bedeutung. Die Erwartungen der EU-Bürger bestehen in der Handlungsfähigkeit der EU und ihrer Kapazität für Problemlösungen. Die Fähigkeit, effizient Entscheidungen zu treffen, ist wichtig für die Rückgewinnung des Vertrauens der Bürger in die EU, das spätestens seit der großen Osterweiterung angeschlagen ist. Vor dieser Erweiterungsrunde sind ausschließlich Länder der EU beigetreten, die zwar nationale Unterschiede zur EU aufwiesen, aber trotzdem große Ähnlichkeiten in Bezug auf die Standards der EU hatten. Sie hatten alle eine ausgereifte Demokratie und auch ihre Marktwirtschaft war gefestigt. Mit der Osterweiterung veränderte sich allerdings der Integrationsprozess. Es stand nicht mehr die Idee der Einigung Europas im Vordergrund, sondern die Idee der Erweiterung:

„Die Erweiterung scheint zum Selbstzweck geworden zu sein."[151]

Zudem stieg auch die innere Heterogenität der EU stark an. Trotz des erfolgreichen Abschlusses der Beitrittsverhandlungen weisen die neuen Mitglieder noch immer zahlreiche Defizite auf, wodurch die vollständige Integration in die EU noch Jahre dauern kann. Kritisiert wird in diesem Zusammenhang oft, dass die EU diese große Osterweiterung politisch und wirtschaftlich nicht gründlich genug vorbereitet hat.

Das Problem, das daraus in der EU resultiert, ist die mangelnde Identifizierbarkeit der EU-Bürger der alten EU-15 mit der kulturell, politisch und wirtschaftlich heterogenen EU. Zudem besteht das Gefühl in den ursprünglichen EU-Staaten, dass die EU auf die Anpassungsschwierigkeiten im Bereich der Wirtschaft nicht ausreichend Rücksicht genommen wurde. Bereits heute sind die Folgen der hohen inneren Heterogenität der EU erkennbar: Es wird immer schwieriger für die EU, handlungsfähig zu bleiben und eine gemeinsame Politik umzusetzen. Die wichtigste Aufgabe der EU zurzeit muss der Erhalt der Handlungsfähigkeit sein und muss Vorrang vor einer weiteren Vergrößerung aufgrund geostrategischer Aspekte haben. Denn nach Ansicht von Hochleitner und Scheich hat die EU aufgrund der Osterweiterung

„[...] bereits heute die Grenzen ihrer Aufnahmefähigkeit erreicht. Die heutige EU [...] ist daher nicht in der Lage, ein Land, das so bevölkerungsreich und so andersartig wie die Türkei ist, aufzunehmen."[152]

---

[151] Hochleitner/Scheich (2006), S. 9.
[152] Ebd., S. 34, zitiert nach: Goulard, S. 97.

Aufgrund vielfältiger Unterschiede in der Bevölkerungsgröße, der Kultur und der wirtschaftlichen Leistungsfähigkeit muss der Zusammenhalt der EU in einem sogenannten Konsolidierungsprozess neu erworben werden. Seit den 70er Jahren betreibt die EU eine enorme Erweiterungspolitik, die nun auch nach Barbara Lippert an finanzielle und politische Grenzen stößt.[153]

Spätestens seit der Süd- und Osterweiterung im Jahr 2004 wird von einem möglichen Verlust der europäischen Handlungsfähigkeit und einer sogenannten Überdehnung der EU in politischer und institutioneller Weise gesprochen. Die Integration von Nachbarländern als Instrument zur Bewältigung von Krisen und zur Förderung der Demokratie stößt demnach an ihre Grenzen. Die Fähigkeit zur Wahrung der Dynamik der europäischen Integration bei gleichzeitiger Aufnahme neuer Mitglieder, die das vierte Kopenhagener Kriterium darstellt, steht im Interesse der EU und der Bewerberländer. Das Problem der EU ist hierbei, dass auf der einen Seite die enge Zusammenarbeit mit den Nachbarländern notwendig ist, auf der anderen Seite aber ist die Erweiterungsfähigkeit der EU beschränkt. Die Dynamik der europäischen Integration hat bereits mit 25 Mitgliedstaaten abgenommen. Die Osterweiterung hat zu einer Pluralisierung der Grundpositionen in der EU geführt. Das hat zur Folge, dass die Entscheidungsprozesse verlangsamt, geschwächt und auch deutlich komplizierter werden. Ebenso kommt es in Bereichen, bei denen Maßnahmen von der Zustimmung aller Mitgliedstaaten abhängen, zu Handlungsblockaden. In Anbetracht dieser Tatsachen ist davon auszugehen, dass weitere Erweiterungsrunden die Handlungsfähigkeit der EU weiter verschärfen werden.[154]

Nach Barbara Lippert ist zu erwarten, dass ein EU-Beitritt der Türkei wirtschaftlich geringe Auswirkungen für die Gesamtheit der EU haben wird. Allerdings wird die Belastung für den europäischen Haushalt und das Entscheidungssystem enorm sein. Ihre Vermutung stützt Barbara Lippert auf die Tatsache, dass die Osterweiterung ähnliche Auswirkungen auf die EU insgesamt hatte.[155]

Gerhards und Hans unterstreichen den Aspekt der Aufnahmefähigkeit der EU mit einer Studie. Im Zentrum dieser Studie steht die Vermutung, dass die Einstellung der EU-Bürger zum EU-Beitritt weiterer Länder, wie der Türkei, von ihrer allgemeinen Haltung gegenüber der EU beeinflusst wird. Mit den Ergebnissen, die sie im Rahmen

---

[153] Vgl. Lippert (2007), S. 128.
[154] Vgl. Atilgan/Klein (2006), S. 3f.
[155] Vgl. Lippert (2007), S. 128.

dieser Studie erhalten haben, bestätigen sie die bisherigen Erkenntnisse. Die allgemeine Unzufriedenheit der EU-Bürger mit der derzeitigen inneren Heterogenität der EU, deren Hauptursache in der Aufnahme zahlreicher neuer Mitgliedsländer im Zuge der Osterweiterung zu finden ist, beeinflusst die EU-Bürger in ihrer Einstellung zu einem EU-Beitritt der Türkei. Die Sorge, dass die Heterogenität in der EU durch den Beitritt weiter wächst und die damit verbundene Handlungsfähigkeit der EU immer schwächer wird, ist groß. Entscheidend sind in diesem Zusammenhang vor allem die Größe der Türkei und ihr Bevölkerungsreichtum, wodurch sich die Machtverhältnisse in den Institutionen der EU stark verschieben würden. Die Türkei könnte aufgrund ihrer Größe im Gegensatz zu kleineren EU-Mitgliedsländern eine enorme Anzahl an Sitzen im Parlament belegen.[156]

Der Aspekt der Angst der EU-Bevölkerung davor, dass die EU nicht in der Lage sein wird, die Konsequenzen des EU-Beitritts der Türkei zu bewältigen, steht ebenfalls in Zusammenhang mit den Veränderungen der inneren EU durch die zahlreiche Aufnahme der Länder Osteuropas. Diese Auswirkungen beeinflussen die allgemeine Einstellung der Bürger gegenüber der EU. Die negativen Erfahrungen und Folgen der vorherigen EU-Erweiterungen wirken sich zusätzlich auf die Einstellung der Bürger zum EU-Beitritt der Türkei aus. Die Untersuchungen von Gerhards und Hans ergaben diesbezüglich auch, dass EU-Bürger, deren Vertrauen in die Institutionen der EU groß ist, auch dem EU-Beitritt der Türkei nicht so negativ gegenüberstehen wie EU-Bürger, die den Glauben an die Handlungsfähigkeit der EU verloren haben. Die positive Grundeinstellung führt dazu, dass die EU-Bürger in einem EU-Beitritt der Türkei keine große Gefahr sehen, da sie an die Funktionsfähigkeit der EU glauben und demzufolge die Möglichkeit einer Überdehnung der EU durch den weiteren Beitritt nicht in Erwägung ziehen.[157]

Es lässt sich also folgendes feststellen: Auch wenn die Kandidatenländer alle notwendigen Kriterien für den EU-Beitritt erfüllt haben, so muss die EU auch selbst in der Lage sein, neue Mitglieder aufzunehmen. Aus dieser Tatsache ergibt sich die Notwendigkeit von Alternativen zur EU-Vollmitgliedschaft, die den Ländern, die der EU nicht beitreten können oder wollen, die Möglichkeit zur Kooperation mit der EU in bestimmten Bereichen geben. Auch für den Fall des Scheiterns von Beitrittsverhandlungen könnten diese alternativen Integrationsmodelle im Sinne der weiteren Zusammenarbeit mit der EU in Betracht kommen. Mit Hilfe verschiedener

---

[156] Vgl. Gerhards/Hans (2011), S. 755ff.
[157] Vgl. ebd., S. 761.

Integrationsmodelle können die unterschiedlichen Entwicklungsstufen der einzelnen Länder berücksichtigt werden.[158] Dieser Aspekt ist Teil des sechsten Kapitels dieses Buches und wird dort ausführlicher bearbeitet.

5.3 Fazit

Die Türkei ist der islamische Staat, der sich bisher am meisten an die Standards Europas angenähert hat. Das belegen die zahlreichen Reformbestrebungen der Türkei der letzten Jahre.[159] Wie allerdings der empirische Teil dieser Studie verdeutlicht hat, ist die allgemeine Ablehnung der EU-Bürger gegenüber dem Beitritt der Türkei sehr stark.

Die Faktoren dieser öffentlich geführten Beitrittsdebatte sind bis auf den Aspekt der Aufnahmefähigkeit der EU (viertes Kopenhagener Kriterium) kaum in offiziellen Dokumenten der EU zu finden. Sie geben allerdings einen vielfältigen Einblick in die Sorgen und Ängste der Mitgliedsländer der EU, die sich aus dem Beitritt der Türkei nach Ansicht diverser Befürworter und Gegner verwirklichen könnten.

Ein großer Teil der Debatten um den angestrebten EU-Beitritt der Türkei sind deshalb aus Stimmungen und Emotionen entstanden, die relativ wenig mit Rationalität und Objektivität zu tun haben. Anhand der Studien wird deutlich, dass die Debatten über den EU-Beitritt der Türkei in der Bundesrepublik Deutschland wie in anderen EU-Mitgliedsländern von den innen- und wirtschaftspolitischen Schwierigkeiten der Mitgliedsstaaten und den Hemmnissen des politischen und wirtschaftlichen Reformprozesses in der EU beeinflusst werden. Vor allem Deutschland und Frankreich haben zur Zeit mit Problemen in der Wirtschaft und der Integration von überwiegend muslimischen Migranten zu kämpfen. Die in Europa geführte Debatte um den EU-Beitritt der Türkei spiegelt diese Probleme wider.

Die ökonomischen Unterschiede zwischen der Türkei und der EU stehen allerdings nicht so stark im Vordergrund. Vielmehr sind es die kulturellen und sozialen Differenzen, die bei dieser Debatte und somit auch in dieser Studie im Zentrum stehen. Die Frage der zweiten Diskussionsebene, ob eine durch die Türkei erweiterte EU wünschenswert ist, kann aufgrund der Ergebnisse von Studien beantwortet werden. Diese belegen, dass ein großer Teil der EU-Bürger den EU-Beitritt der Türkei ablehnt, wobei auch die allgemeine

---

[158] Vgl. Atilgan/Klein (2006), S. 3f.
[159] Vgl. Böckenförde (2004).

Haltung der EU-Bürger gegenüber den Institutionen der EU für die Bildung einer ablehnenden Haltung verantwortlich sein kann. Die Sorge davor, dass die EU den Türkei-Beitritt nicht verkraften könnte, ist sehr groß.

In diesem Kapitel wurde verdeutlicht, dass die Frage nach der kulturellen Vereinbarkeit immer wichtiger für die EU wird, da ein großer Anteil der europäischen Bevölkerung den EU-Beitritt der Türkei aus diesem Grund ablehnt. Das Christentum ist ein unentbehrlicher Faktor der europäischen Identität. Yeşilyurt schlussfolgert daraus:

„Wenn die Kriterien für die kulturelle Integration die völlige Konformität der Handlungen und Werte ist, dann wird dies nicht realisierbar sein."[160]

Darüber hinaus enthalten auch die offiziellen Dokumente der EU keine Verweise darauf, dass die Religion eines Beitrittskandidaten ein Ausschlusskriterium darstellt. Die Mitgliedschaft eines islamisch geprägten Staates wie der Türkei ist also genauso möglich wie die Mitgliedschaft von Ländern, die den kulturellen Besonderheiten Europas entsprechen. Entscheidend für die Aufnahme in die EU sind die europäischen Grundsätze der Demokratie sowie die Rechtsordnung. Und diese sind gesetzlich festgelegte Beitrittskriterien, die für alle Kandidatenländer gleich sind.[161]

Leggewie ergänzt in diesem Zusammenhang, dass die Argumente bezüglich eines Verlusts des europäischen Zusammengehörigkeitsgefühls sowohl theoretisch als auch empirisch nicht ausreichend fundiert sind und somit eine Ablehnung der türkischen EU-Mitgliedschaft nicht rechtfertigen. Seiner Ansicht nach können die Folgen dieser Mitgliedschaft auf dieser Ebene nicht angemessen beurteilt werden, da auch die Grenzen der Kulturräume, die durch einem Beitritt der Türkei angeblich überschritten werden, sich nicht genau bestimmen lassen. Andernfalls würde sie als religiöse Abgrenzung gegenüber islamischen Ländern und Gesellschaften definiert werden.[162]

Interessant wäre auf diesem Hintergrund auch eine Untersuchung von Ansichten der politischen Parteien in der Türkei. Eine Analyse der Akteure beider Seiten erscheint in diesem Zusammenhang sinnvoll. Ermagan betont die Bedeutung der politischen Parteien in diesem Zusammenhang, die zusätzlich einen Beitrag für das Verständnis der Hintergründe dieser Debatte leisten können.[163] Im Rahmen dieser Studie bleibt jedoch

---

[160] Yeşilyurt (2000), S. 273.
[161] Vgl. ebd., S. 263.
[162] Vgl. Leggewie (2004), S. 142.
[163] Vgl Ermagan (2010), S. 7f.

eine Analyse der politischen Parteien der EU und auch der politischen Parteien der Türkei aus.

6 Zur Zukunft der Türkei in Europa: Mögliche Alternativen zur Vollmitgliedschaft

Die Debatte um den EU-Beitritt der Türkei ist, wie bisher in diesem Buch geschildert wurde, sehr vielfältig. Mit dieser Thematik werden sowohl große Vorteile für die EU als auch vielfältige Gefahren und Nachteile als Folge des EU-Beitritts durch die Türkei deutlich. Kein anderes Land hat bisher im Zuge der EU-Erweiterung zu so starken Reaktionen geführt wie die Türkei. Es herrscht eine vorrangig negative Grundstimmung in weiten Teilen der EU-Öffentlichkeit. Auch die Tatsache, dass die Türkei bereits seit 1964 assoziiertes Mitglied der EG ist und bis heute noch nicht den Status der Vollmitgliedschaft erreicht hat, lässt sich nicht leugnen. Zwar wurden schließlich 2005 die Beitrittsverhandlungen mit der Türkei aufgenommen, doch ist an dieser Stelle auch anzumerken, dass es nach dem Beschluss des Europäischen Rats keinen Beitrittsautomatismus geben wird, obwohl als Ziel der Beitrittsverhandlungen die Vollmitgliedschaft ausgegeben wurde. Der Europäische Rat beschloss in diesem Zusammenhang, dass es sich bei den Beitrittsverhandlungen um einen Prozess handelt, dessen Ausgang offen ist. Es gibt also keine Garantie für den Ausgang der Beitrittsverhandlungen. Für die Türkei bedeutet dies, dass ein möglicher EU-Beitritt frühestens erst nach dem Abschluss der Planungen der Finanzen im Jahr 2014 in Frage kommt. Zusätzlich kann sich die Aufnahme der Türkei in die EU auch durch schwerwiegende Verletzungen von Menschenrechten, Demokratie, Rechtsstaatlichkeit und Grundfreiheiten verzögern. In diesen Fällen kann die Europäische Kommission von sich aus oder auch auf Antrag eines Drittels der EU-Mitgliedstaaten die Aussetzung der Verhandlungen mit der Türkei empfehlen. Eine nachhaltige Verletzung der Kopenhagener Kriterien durch die Türkei kann sogar zum Ausschluss des Beitritts führen.

Die bisher geschilderte Türkei-Debatte, die weit über die Kopenhagener Kriterien hinausgeht, sowie der EU-Beschluss über die Türkei, der erstmals in der Erweiterungsgeschichte lange Übergangszeiten, dauerhafte Schutzklauseln sowie Ausnahmeregelungen für die Türkei vorsieht, haben die Euphorie in der Türkei bezüglich einer EU-Mitgliedschaft in Ernüchterung gewandelt. Kritiker betrachten diese EU-Beschlüsse als eine deutliche Diskriminierung der Türkei. Demzufolge widersprechen die Beschlüsse den Gemeinschaftsbestimmungen zur Aufenthaltsfreiheit, zur Freizügigkeit sowie zum Niederlassungsrecht.[164]

Wie die Untersuchungsergebnisse in Kapitel 5.2 gezeigt haben, ergeben sich zwei zentrale Probleme mit dem EU-Beitritt der Türkei. Das eine Problem bezieht sich auf die kulturellen Unterschiede zwischen der Türkei und der EU und ist Bestandteil der Türkeidebatte. Das zweite Problem dagegen ist ein Bestandteil der EU-Debatte. Es geht dabei um die Frage nach der Handlungsfähigkeit der EU. Nach Barbara Lippert ist zu erwarten, dass ein EU-Beitritt der Türkei wirtschaftlich geringe Auswirkungen für die Gesamtheit der EU haben wird. Allerdings wird die Belastung für den europäischen Haushalt und das Entscheidungssystem enorm sein. Ihre Vermutung stützt Barbara Lippert auf die Tatsache, dass die Osterweiterung ähnliche Auswirkungen auf die EU insgesamt hatte.[165]

Es lässt sich also folgendes feststellen: Auch wenn die Kandidatenländer alle notwendigen Kriterien für den EU-Beitritt erfüllt haben, so muss die EU auch selbst in der Lage sein, neue Mitglieder aufzunehmen. Aus dieser Tatsache ergibt sich die Notwendigkeit von Alternativen zur EU-Vollmitgliedschaft, die den Ländern, die der EU nicht beitreten können oder wollen, die Möglichkeit zur Kooperation mit der EU in bestimmten Bereichen geben. Auch für den Fall des Scheiterns von Beitrittsverhandlungen könnten diese alternativen Integrationsmodelle im Sinne der weiteren Zusammenarbeit mit der EU in Betracht kommen. Mit Hilfe dieser verschiedenen Integrationsmodelle können die unterschiedlichen Entwicklungsstufen der einzelnen Länder berücksichtigt werden.[166]

Die Diskussion über Alternativen zur EU-Vollmitgliedschaft hat aus diesen Gründen sowohl in der EU als auch in der Türkei stark an Bedeutung gewonnen. Mit der tatsächlichen Aufnahme der Beitrittsverhandlungen im Oktober 2005 endete zwar die Auseinandersetzung um mögliche Alternativen für eine EU-Mitgliedschaft der Türkei. Allerdings nimmt diese Diskussion wieder zu, da die Verhandlungen mit der Türkei zur Zeit nicht weiterkommen und von kritischer Seite her mit einem Scheitern der Verhandlungen gerechnet wird.[167]

Die folgenden Integrationsmodelle gehen von der Tatsache aus, dass ein Beitritt aus bestimmten Gründen nicht realisiert werden kann und die EU darüber hinaus nicht in der Lage ist, eine unbegrenzte Anzahl an weiteren Mitgliedern aufzunehmen. Sie stellen eine

---

[164] Vgl. Karakas (2005), S. 2ff.
[165] Vgl. Lippert (2007), S. 128.
[166] Vgl. Atilgan/Klein (2006), S. 3f.
[167] Vgl. Schneider/Thoma (2006), S. 3.

Zwischenstufe dar, mit deren Hilfe die verschiedenen Entwicklungsstufen der einzelnen Länder besser berücksichtigt werden können. Gleichzeitig kann das Ziel der EU verfolgt werden, für Stabilität und Sicherheit in den Nachbarländern zu sorgen.[168]

Im folgenden Kapitel werden die wichtigsten Alternativen zur Vollmitgliedschaft dargestellt, die im Zusammenhang mit der Türkei stehen. Es werden darüber hinaus auch die Vor- und Nachteile dieser Integrationsmodelle sowohl für die Türkei, als auch für die EU veranschaulicht.

6.1 Privilegierte Partnerschaft

Die privilegierte Partnerschaft wurde in Deutschland von den Unionsparteien CDU/CSU als Alternative zur Vollmitgliedschaft der Türkei im Februar 2004 vorgeschlagen. Die CDU/CSU vertreten die Ansicht, dass die Türkei auch ohne eine Vollmitgliedschaft wirtschaftlich und politisch stabilisiert werden kann. Dieses Ziel der EU kann nach Meinung der CDU/CSU mit Hilfe der privilegierten Mitgliedschaft erreicht werden.[169] Ihr Argument für die privilegierte Mitgliedschaft stützt sich auf die Gefahr, dass eine weitere Vertiefung der europäischen Integration sowie gleichzeitige neue Beitritte die Bürger und Institutionen der EU überfordern und zusätzlich die Handlungsfähigkeit der EU beeinflussen könnten. Die CDU/CSU-Gruppe im Europäischen Parlament argumentiert in diesem Zusammenhang folgendermaßen:

„Es ist daher richtig, bis zu einer vertraglichen Reform mit dem Ziel der Verbesserung der Handlungsfähigkeit der Europäischen Union keine weiteren festen Beitrittszusagen und -daten zu geben. Weil eine Vollmitgliedschaft der Türkei die Aufnahmefähigkeit der Europäischen Union auf absehbare Zeit überfordern würde, plädieren wir in beiderseitigem Interesse für eine privilegierte Partnerschaft statt einer Vollmitgliedschaft.
Die Europäische Union muss in Zeiten weltweiten Wandels handlungsfähig sein."[170]

Zusätzlich argumentierte der Unionsfraktionsvize Andreas Schockenhoff in einem Interview mit n-tv.de im Jahr 2010, dass mit einem Scheitern der Beitrittsverhandlungen

---

[168] Vgl. Schneider/Thoma (2006), S. 7.
[169] Vgl. ebd., S. 12.
[170] Ferber/Langen (2007-2008), S. 8f.

mit der Türkei zu rechnen sei. Die Verhandlungen werden mit der Türkei ergebnisoffen mit dem Ziel einer Vollmitgliedschaft geführt. Nach Schockenhoff

„[...] müssen wir uns heute – zu einem Zeitpunkt, wo die Verhandlungen vor allem auf türkischer Seite nicht weiterkommen – Alternativen zu einem Beitritt überlegen. Denn auch wenn die Türkei am Ende des Tages nicht den gesamten Rechtsbestand der EU übernehmen will oder die Beitrittsbedingungen nicht erfüllen kann haben wir großes Interesse an einer engen Bindung der Türkei in europäische Strukturen."[171]

In diesem Sinne wird mit der privilegierten Partnerschaft das Ziel einer kontinuierlichen Heranführung der Türkei an die Standards der EU verfolgt.

Zu der privilegierten Partnerschaft gehören die folgenden Elemente:

- eine Erweiterung der Zollunion zu einer umfassenden Freihandelszone
- die Aufstockung von Hilfsprogrammen
- Ausbau der Außen- und Sicherheitspolitik (GASP) sowie die Zusammenarbeit in Justizfragen[172]

Eine spätere Vollmitgliedschaft schließt diese Strategie allerdings von vornherein aus. Es erfolgt stattdessen eine politische und wirtschaftliche Zusammenarbeit zwischen den Ländern und der EU außerhalb der EU-Organe, wobei die verstärkte Zusammenarbeit auf bestimmte Gebiete beschränkt ist. Zu diesen Sachgebieten gehören unter anderem die Bildung, die Kriminalitätsbekämpfung, die Zuwanderung und der Handel. Auf diese Weise werden die Beziehungen in der Form einer verstärkten Zusammenarbeit zwischen der EU und den Ländern vertieft.

Im Bereich der Gemeinsamen Außen- und Sicherheitspolitik (GASP) sowie im Bereich der Europäischen Sicherheits- und Verteidigungspolitik (ESVP) kann die Zusammenarbeit mit der Türkei ausgebaut werden, um auf diese Weise die besondere geostrategische Lage der Türkei zu berücksichtigen.[173] In diesem Zusammenhang spielt die Stabilisierung der Nachbarschaft des östlichen Mittelmeerraums und den direkt

---

[171] Volmer (2010), Interview mit Andreas Schockenhoff.
[172] Vgl. Röllenblech (2005), S. 3.
[173] Vgl. Karakas (2005), S. 8f.

angrenzenden Regionen im Mittleren Osten eine zentrale Rolle. Denn die EU geht bei ihren sicherheitspolitischen Überlegungen davon aus, dass sich eine in Europa integrierte Türkei positiv auf die europäische Sicherheit und ebenso auf die islamische Welt auswirken würde. Die Türkei soll hierbei institutionell eingebunden werden.[174]

Allerdings muss an dieser Stelle auch angemerkt werden, dass die privilegierte Partnerschaft umstritten ist. Die Gründe, die hierbei maßgebend sind, sind vor allem die Tatsachen, dass diese Strategie kein eindeutiges Design vorzuweisen hat und zusätzlich eine klare Rechtsgrundlage fehlt.[175]

Obwohl dieses Integrationsmodell ausschließlich für die Türkei entwickelt wurde, lehnt diese bis heute die privilegierte Partnerschaft ab. Die Gründe für diese Ablehnung sind vielfältig. Zum einen wird die Vollmitgliedschaft der Türkei bei der Privilegierten Partnerschaft von vornherein ausgeschlossen. Die Türkei sieht die Alternative der privilegierten Partnerschaft als eine Art Bruch der bisherigen Vereinbarungen mit der EU. In diesem Zusammenhang wird auch von einer Ausschlusspolitik gesprochen, da die Türkei seit 1999 den Status eines Beitrittskandidaten besitzt und die EU bereits seit 2005 Beitrittsverhandlungen mit der Türkei führt. Es wird darüber hinaus sogar von Kritikern vermutet, dass mit der privilegierten Partnerschaft das Ziel verfolgt wird, die türkische EU-Mitgliedschaft zu verhindern.[176] Der Unionsfraktionsvize Andreas Schockenhoff betont in diesem Zusammenhang das Interesse der Union, die Türkei auch im Falle des Scheiterns der Beitrittsverhandlungen dauerhaft und sicher in Europa zu verankern. Er argumentiert wie folgt:

„Die privilegierte Partnerschaft ist ein Angebot an die Türkei. Es ist keine Ablehnung, sondern es ist die Versicherung, wie wichtig diese Partnerschaft für die EU und für uns in Deutschland ist."[177]

Außerdem ist festzustellen, dass es diese Form der Partnerschaft zwischen der EU und der Türkei bereits gibt. Denn seit 1996 ist die Türkei über die Zollunion an die EU gebunden und nimmt zusätzlich an den Förderprogrammen der EU für Entwicklung und Forschung teil. Die privilegierte Partnerschaft bietet der Türkei zwar das Recht der Mitwirkung, aber keine Mitentscheidungsrechte im Rat. Aus diesem Grund ist die Türkei

---

[174] Vgl. Atilgan/Klein (2006), S. 13.
[175] Vgl. Karakas (2005), S. 8.
[176] Vgl. Atilgan/Klein (2006), S. 12ff.
[177] Volmer (2010), Interview mit Andreas Schockenhoff.

daran interessiert, EU-Mitglied zu werden, um direkten Einfluss auf die Entscheidungen der EU ausüben zu können. Die privilegierte Mitgliedschaft stellt für die Türkei keine sinnvolle Alternative zur Vollmitgliedschaft dar.[178]

6.2 Erweiterte assoziierte Mitgliedschaft (EAM)

Die EAM wurde als zweite Alternative zur Vollmitgliedschaft von Wolfgang Quaisser und Steve Wood, zwei Wissenschaftlern des Osteuropa-Instituts, vorgestellt. Im Gegensatz zur privilegierten Partnerschaft handelt es sich bei der EAM um ein Integrationsmodell, das nicht nur auf die Türkei anwendbar ist, sondern auch auf andere Staaten. Vorgesehen sind bei diesem Modell eine Teilnahme am Europäischen Wirtschaftsraum (EWR) sowie zusätzlich eine Vertiefung der politischen Zusammenarbeit mit der EU im Bereich Handel und Wirtschaft. Allerdings sieht die EAM auch Einschränkungen in der Arbeitnehmerfreizügigkeit vor.[179] Das hat zur Folge, dass Arbeitnehmer, die den EAM-Staaten angehören, durch eine Übergangsfrist von mehreren Jahren nicht die vollständige Arbeitnehmerfreizügigkeit auf dem europäischen Arbeitsmarkt erhalten. Allerdings können Arbeitnehmer aus den EAM-Ländern mit Hilfe einer Arbeitserlaubnis in den Mitgliedstaaten der EU tätig werden. Das Ziel, das mit dieser Einschränkung verfolgt wird, ist die Regulierung der Beschäftigungslage in den EU-Mitgliedsländern, um eine Verschärfung zu verhindern.[180] Die Teilnahme an der Währungsunion ist bei der EAM nicht vorgesehen. Eine Teilnahme am gemeinsamen Binnenmarkt hat die Übernahme des Acquis communautaire durch die EAM-Staaten zur Folge. Zusätzlich müssen die Wirtschaftskriterien der EU erfüllt werden. Die Übernahme des Acquis communautaire ist allerdings mit einseitigen Kosten und weitreichenden Verpflichtungen verbunden. Aus diesem Grund wird in diesem Zusammenhang von möglichen Kompensationszahlungen gesprochen, die für die Länder Finanz- und Strukturhilfen bieten. Es können aber auch bestehende Unterstützungsprogramme ausgebaut werden oder neue spezielle Programme für diese Länder entwickelt werden.[181] Allgemein lässt sich feststellen, dass die EAM ebenfalls wie die privilegierte

---

[178] Vgl. Atilgan/Klein (2006), S. 12ff.
[179] Vgl. Karakas (2005), S. 9.
[180] Vgl. Atilgan/Klein (2006), S. 9.
[181] Vgl. Karakas (2005), S. 9.

Mitgliedschaft der Türkei einen Beobachterstatus mit Anhörungsrechten vorsieht. Allerdings gehört auch hier das Mitentscheidungsrecht im Rat nicht dazu. Folglich dürfen die Türkei oder andere EAM-Staaten nicht mit für die integrierten Bereiche im Rat abstimmen. Diese Tatsache lässt annehmen, dass die EAM der Türkei und auch den anderen betreffenden Staaten nur wenig Anreize zur Fortsetzung ihrer Demokratisierungswege bietet. Die institutionelle Integration könnte bei der EAM durch die regelmäßige Teilnahme an den Sitzungen der EU-Institutionen ohne Stimmrecht erfolgen.[182]

6.3 Abgestufte Integration

Ein weiteres Integrationsmodell, das in diesem Zusammenhang diskutiert wird, ist das Modell der abgestuften Integration. Ursprünglich beschreibt der Begriff der abgestuften Integration im Allgemeinen einen politischen Einigungsprozess. Charakteristisch für die abgestufte Integration sind die unterschiedlichen Geschwindigkeiten sowie die unterschiedlichen Intensitäten, mit denen dieser Prozess abläuft. In diesem Zusammenhang steht auch die Idee des „Europa der zwei Geschwindigkeiten", bei der die Einigungsgeschwindigkeit weder von dem langsamsten Mitglied noch von dem Mitglied abhängt, das sich der Integration am meisten widersetzt. Vielmehr wird die Vertiefung der EU zunächst nur von den Mitgliedsländern getragen, die sich selbst dazu in der Lage sehen.[183] Die Mitgliedsländer bestimmen demnach selbst die Geschwindigkeit des Integrationsprozesses und ebenso die Ziele, die sie anstreben.[184] Nach Leiße ist auf diese Weise das Voranschreiten integrationswilliger Länder möglich, ohne dass die europäische Gemeinschaft zerstört wird.[185]

Mittlerweile wird der Begriff der abgestuften Integration auch im Zusammenhang mit dem EU-Beitritt der Türkei gebraucht. Dieses Integrationsmodell wurde von dem Frankfurter Politikwissenschaftler Cemal Karakas mit dem Ziel vorgeschlagen, die Anbindung der Türkei an die EU zu verbessern. Die abgestufte Integration kann darüber hinaus auch für andere Länder in Betracht kommen. Entscheidend ist bei diesem Modell

---

[182] Vgl. Atilgan/Klein (2006), S. 9f.
[183] Vgl. Hillenbrand (2007), S. 407.
[184] Vgl. Atilgan/Klein (2006), S. 10.
[185] Vgl. Leiße (2009), S. 241.

die für die Türkei vorgesehene sektorale Teilintegration. Die Integration schreitet bei diesem dynamischen Modell stufenweise fort.[186]

Von Bedeutung ist bei diesem Integrationsmodell auch die Heranführung der Türkei an die EU-Strukturen in drei Stufen, wobei diese Stufen nach ihrem Integrationsgrad unterteilt sind. Die erste Stufe stellt hierbei den niedrigsten Integrationsgrad dar. Allerdings gibt es keinen Beitrittsautomatismus für den Eintritt in eine höhere Integrationsstufe. Die nächst höhere Integrationsstufe kann nur beginnen, wenn die Türkei die vereinbarten Vorgaben zeit- und zielgerecht umgesetzt hat. Der Türkei soll dieses Verfahren einen Anreiz bieten, ihren Demokratisierungsweg und die Umsetzung weiterer Reformen fortzusetzen. Die Umsetzung der Reformen wird jährlich von der EU-Kommission durch ein Monitoring überprüft. Zusätzlich kann es bei diesem Modell, ähnlich wie bei den normalen Beitrittsverhandlungen, jederzeit zu einem Abbruch der Gespräche kommen, falls die Verträge von dem jeweiligen Land nicht erfüllt werden. In beiderseitigem Einverständnis wird die Dauer jeder Stufe festgelegt. Der Beginn der nächsten Integrationsstufe könnte bereits zur Halbzeit der vorherigen Stufe erfolgen. Bei diesem Verfahren ist ebenfalls die Zustimmung beider Seiten die Voraussetzung. Allerdings besteht auch die Möglichkeit, dass der Verhandlungspartner auf einer der drei Integrationsstufen über mehrere Jahre verweilt. Dieser Fall tritt dann in Erscheinung, wenn die erreichte Integrationsstufe aus diversen Gründen für einen der Verhandlungspartner ausreicht und dieser von einer weiteren Integration absieht. Die Perspektive der Vollmitgliedschaft bleibt aber erhalten. Diese kann aber erst dann erfolgen, nachdem die letzte Stufe in Kraft getreten ist.[187]

6.4 Abgestufte Integration anstelle der privilegierten Partnerschaft und der EAM?

Anhand der Darstellung der verschiedenen Integrationsmodelle als Alternative zur Vollmitgliedschaft lässt sich feststellen, dass sowohl die privilegierte Partnerschaft als auch die EAM der Türkei nur geringe Anreize bieten, ihren Demokratisierungsweg fortzusetzen. Beide Integrationsmodelle bieten der Türkei kein Mitentscheidungsrecht im Rat bei Sachfragen sowie keine eindeutige Perspektive auf eine Vollmitgliedschaft in der

---

[186] Vgl. Schneider/Thoma (2006), S. 3.
[187] Vgl. Karakas (2005), S. 10.

EU.

Zusätzlich sind diese beiden Alternativen auch auf Drittstaaten übertragbar. Mit der Zustimmung zu diesen Integrationsmodellen würde die Türkei, die bereits seit 1964 assoziiertes Mitglied der EG ist und somit den Status eines Beitrittskandidaten besitzt, zu einem Drittstaat herabgestuft. Nach Karakas widerspricht die Herabstufung der Türkei zu einem Drittstaat den zahlreichen Demokratisierungsreformen der letzten Jahre. Ebenso wäre auch die Hoffnung auf Anerkennung als europäische Demokratie sowie die baldige Aufnahme in die EU zerstört. Aus diesem Grund ist es nicht verwunderlich, dass die Türkei diese beiden Integrationsmodelle als Alternativen abgelehnt hat.[188]

Die abgestufte Integration dagegen wäre eine Alternative, die auch im Sinne der Türkei noch Aussicht auf eine Vollmitgliedschaft bietet. Im Gegensatz zur privilegierten Mitgliedschaft und zur EAM behandelt das Modell der abgestuften Integration die Türkei als einen Beitrittskandidaten und nicht als einen Drittstaat.

Für den Fall, dass ein EU-Beitritt der Türkei in naher Zukunft nicht möglich sein sollte, fordert Karakas aus diesem Grund:

„Die Türkei sollte abgestuft integriert und nicht privilegiert ausgegrenzt werden."[189]

Die folgende Tabelle 3 veranschaulicht die Differenzen der bisher diskutierten Integrationsmodelle.

Die zentralen Unterschiede zwischen dem Modell der abgestuften Integration und den Modellen der privilegierten Partnerschaft und der EAM bestehen in der Tatsache, dass die Türkei nicht nur ökonomisch, sondern auch politisch in die Strukturen der EU teilintegriert werden würde. Zusätzlich würde die Türkei bei diesem Integrationsmodell ein sektorales Mitentscheidungsrecht ohne Anspruch auf ein Veto im Rat erhalten. Dieses eingeschränkte Mitentscheidungsrecht würde eine aktive Einbindung der Türkei in die Entscheidungsfindung und die politische Arbeit ermöglichen und wäre aus diesem Grund für die Türkei von besonderem Interesse. Allerdings kann die Türkei trotz des fehlenden Vetorechts aufgrund ihrer Stimmgewichtung im Rat die Findung von Kompromissen erschweren. Mit einem Veto-Recht bestünde für die EU die Gefahr, dass die Türkei Entscheidungen blockieren könnte.

---

[188] Vgl. Karakas (2005), S. 10.
[189] Ebd., S.15.

Vergleich der Integrationsmodelle					
Grad der Integration	**Möglichkeit auf eine Vollmitglied-schaft**	**Mitentscheidungs-recht im Rat**	**Teilnahme am Binnenmarkt**	**Teilnahme an den EU-Fonds**	**Teilnahme am Europäischen Währungs-system mit der Einführung des Euro**
Vollmitglied-schaft	entfällt	gegeben	gegeben	gegeben	gegeben
Privilegierte Partnerschaft	nicht vorgesehen	nicht vorgesehen, dafür aber ein Konsultationsrecht im Rahmen der Außen- und Sicherheitspolitik	eingeschränkt vorgesehen	nicht vorgesehen	nicht vorgesehen
Erweiterte assoziierte Mitgliedschaft (EAM)	nicht vorgesehen	nicht vorgesehen, dafür aber ein Konsultationsrecht im Rahmen des Erweiterten Europäischen Wirtschaftsraumes	eingeschränkt vorgesehen	eingeschränkt vorgesehen	eingeschränkt vorgesehen
Abgestufte Integration	vorgesehen	vorgesehen für die integrierten Bereiche, allerdings kein Veto-Recht	stufenweise und konditioniert vorgesehen	ein-geschränkt vorgesehen	stufenweise und konditioniert vorgesehen

Quelle: Karakas (2005), S. 12.

Ein weiterer Vorteil, den die abgestufte Integration der Türkei im Gegensatz zu anderen Integrationsmodellen bietet, ist die Tatsache, dass durch die Dynamik sowie Konditionierung dieses Modells Anreize in der Türkei zur Fortführung der Demokratisierungsreformen geschaffen werden.

Besonders wichtig ist in diesem Zusammenhang auch die letzte Integrationsstufe dieses Modells, die der Türkei, im Gegensatz zu den anderen Integrationsmodellen, die Möglichkeit einer EU-Mitgliedschaft bietet. Die Perspektive auf eine Vollmitgliedschaft bietet den betroffenen Ländern einen Anreiz zur Fortführung der Demokratisierung. Bei der EAM und der privilegierten Partnerschaft dagegen bleiben den Ländern die Vollmitgliedschaft und somit auch das Mitentscheidungsrecht im Rat verwehrt. Einen Beitrittsautomatismus wird es aber auch bei der abgestuften Integration nicht geben, da ein Veto der EU-Staaten weiterhin möglich ist.[190]

Anhand des Vergleiches dieser drei Integrationsmodelle wird deutlich, dass die abgestufte Integration der Türkei im Gegensatz zu den beiden anderen Modellen eine Vielzahl an Vorteilen und Anreize zur Fortsetzung der Demokratisierungs- und Modernisierungsprozesse bietet. Aus diesem Grund könnte die abgestufte Integration eine dauerhafte Alternative zur Vollmitgliedschaft der Türkei darstellen. Da die Länder und auch die Türkei an der politischen Mitentscheidung interessiert sind, wird das eingeschränkte Recht auf Mitentscheidung im Rat diesen Forderungen gerecht. Ebenso ist die stufenweise Integration bei dem Modell der abgestuften Integration mit der Umsetzung von Reformen verknüpft und erfolgt zudem konditioniert. Darüber hinaus bestimmen die EU und die betroffenen Länder den Integrationsgrad gemeinsam. [191]

Die abgestufte Integration wird aber nicht nur den Interessen der Türkei gerecht. Den Vorteil, den dieses Integrationsmodell der EU bietet, ist die politische Integration der Türkei in die EU-Strukturen, ohne die EU dabei institutionell zu überdehnen. Zusätzlich bietet die abgestufte Integration der EU einen großen Kostenvorteil gegenüber der EU-Mitgliedschaft.[192]

---

[190] Vgl. Schneider/Thoma (2006), S. 3.
[191] Vgl. ebd., S. 17.
[192] Vgl. Röllenblech (2005), S. 4.

7 Abschluss der Studie

Wie im Rahmen dieser Studie festgestellt werden konnte, erfolgt die allgemeine Diskussion um einen türkischen EU-Beitritt auf zwei sehr unterschiedlichen Ebenen: Zum einen geht es um die Frage, ob die Türkei die Maßstäbe der Kopenhagener Kriterien erfüllt. Diese Diskussionsebene wird dadurch erleichtert, dass die EU-Kommission in regelmäßigen Abständen Berichte über die Fortschritte vorlegt, die einen sachlichen Maßstab der Debatte bereitstellen. Dabei hat die EU-Kommission am 6. Oktober 2005 festgestellt, dass die Türkei die Bedingungen für die Aufnahme von Beitrittsverhandlungen mittlerweile erfüllt, auch wenn sie betont hat, dass diese Verhandlungen generell offen sind und es keinen Beitrittsautomatismus geben werde.

Die zweite Diskussionsebene geht weit darüber hinaus. Sie versucht, bezüglich eines EU-Beitritts der Türkei, Antworten zu finden und nicht anhand der Frage, ob diese dafür reif, sondern ob dieser Beitritt an sich wünschenswert und vorteilhaft oder eben nachteilig für die EU sei.

7.1 Zusammenfassung und Bewertung der Ergebnisse

Die Europäische Kommission hat neben ihrem regelmäßigen Fortschrittsbericht auch eine detaillierte Impactstudie vorgelegt, in der Fragen bearbeitet werden, die im Zusammenhang mit dem möglichen EU-Beitritt der Türkei stehen. In dieser Studie kommt die EU-Kommission zu der Feststellung, dass dieser Beitritt für die Türkei selbst aber auch für die EU eine große Herausforderung darstellt. Allerdings kann der Beitritt der Türkei auch beiden Seiten große Chancen und Möglichkeiten bieten. Der Ausgang ist weiterhin offen. Aber eines steht fest: Die EU, mit ihren Politiken und Rechtsvorschriften, wird sich im Laufe dieser Zeit weiter entwickeln (müssen), um den Erfordernissen der Union mit ihren Mitgliedern und im Hinblick auf die Erweiterung um weitere Mitglieder, wie der Türkei, gerecht werden zu können. Ebenso wird sich auch die Türkei, trotz ihres enormen Fortschritts der vergangenen Jahre, einem noch stärkerem Wandel hingeben müssen, um ihren Verpflichtungen der EU gegenüber gerecht zu werden und endlich ein Teil der EU zu werden.[193] Denn dafür muss nach Stefan Füle, dem EU-Kommissar für Erweiterung und europäische Nachbarschaftspolitik, die Türkei voll und ganz bereit für den Beitritt sein:

„[...] Es ist unsere Pflicht sicherzustellen, dass Länder am Ende des Beitrittsprozesses zu 100 Prozent bereit sind. Der Beitritt des Landes muss aber auch einen positiven Effekt auf die gesamte Gemeinschaft haben. Wir wollen, dass alle neuen Mitgliedstaaten einen Beitrag leisten, die Integration der Europäischen Union zu vertiefen. Das ist wichtiger als Zahlenspiele. "[194]

Dabei bestimmt die Türkei selbst das Tempo der Verhandlungen. Die Eröffnung und Schließung der insgesamt 35 Verhandlungskapitel richtet sich nämlich nach der Geschwindigkeit der Türkei, mit der sie ihre Reformen umsetzt. Nach Füle sind die Reformen

„[...] der Motor des Beitrittsprozesses. "[195]

Es ist unbestritten, dass die Türkei in den letzten Jahren beeindruckende Fortschritte bei der Integration in die Strukturen der EU gemacht hat. Trotz zahlreicher neuer Gesetze, bestehen seit der Eröffnung der Beitrittsverhandlungen bis heute noch immer erhebliche Umsetzungsdefizite im Bereich der politischen Kriterien. Aus diesem Grund ist unklar, ob die Türkei den für einen EU-Beitritt erforderlichen Europäisierungsprozess bis zum Schluss durchlaufen kann. Langenfeld verweist diesbezüglich auf das Problem der türkischen Zivilgesellschaft, das noch immer, wie die Untersuchungen der politischen Kriterien im Rahmen dieser Studie ergeben haben, in der Türkei vorhanden ist:

„Der Weg von einer Demokratie, die in ihrem Bestand lange Zeit auf das Militär angewiesen war, hin zu einer Zivil- und Bürgergesellschaft ist weit und kann nicht innerhalb nur weniger Jahre per Dekret durchgesetzt werden. Sie bedarf vielmehr einer Verankerung nicht nur bei den Eliten, sondern auch bei den breiten Bevölkerungsschichten. "[196]

---

[193] Vgl. EUROPA (03.07.2007).
[194] Füle (2010), S. 2.
[195] ebd.
[196] Langenfeld (2008), S. 6.

Mit einem immer größer werdenden Europa sind auch diverse Reformen und Anpassungen der EU-Struktur notwendig. Besonders die Osterweiterung war mit insgesamt zehn neuen Mitgliedsstaaten eine der größten Herausforderungen in der Erweiterungsgeschichte der EU. Aufgrund dieser Erfahrungen hat die EU neue Verfahrensregeln für den Beitrittsprozess der Türkei festgelegt.

In diesem Buch wurde hauptsächlich auf die Probleme und Defizite des EU-Beitritts der Türkei eingegangen. Diese erscheinen aufgrund der überwiegenden Ablehnung des Beitritts durch die EU-Bürger von entscheidenderer Bedeutung als die positiven Aspekte des Beitritts.

Die drei zentralen Probleme, die sich in diesem Zusammenhang herauskristallisiert haben, sind:

- die zur Zeit unzureichende Erfüllung und Umsetzung der EU-Beitrittskriterien durch die Türkei

- die überwiegende Ablehnung des EU-Beitritts der Türkei aufgrund der kulturellen Differenzen

- die Aufnahmefähigkeit der EU

Die Ergebnisse dieser Studie haben die Bedeutung dieser Probleme hervorgehoben. Die unzureichende Erfüllung und Umsetzung der Beitrittskriterien durch die Türkei wird in dem aktuellen Fortschrittsbericht der Kommission bestätigt. Die größten Probleme und Umsetzungsmängel hat die Türkei demnach im Bereich der Menschenrechte und der Demokratie zu verzeichnen. Da es sich hierbei um gesetzlich verankerte Auflagen der EU handelt, die von allen Beitrittskandidaten bis zur vollständigen Aufnahme in die EU erfüllt werden müssen, liegt es in diesem Punkt an der Türkei selbst, in absehbarer Zukunft für die Umsetzung dieser Beitrittskriterien zu sorgen. Den Fortschritt dieser Umsetzung beurteilt die Europäische Kommission. Das Tempo der Beitrittsverhandlungen kann die Türkei dabei selbst bestimmen. Es hängt von dem Tempo ab, mit dem die Türkei die Reformen angeht und umsetzt. Erfüllt die Türkei die Beitrittskriterien unzureichend oder verstößt sie schwer gegen die Auflagen, so kann dies zum Aussetzen der Verhandlungen führen. Erst wenn die Kommission entscheidet, dass die Türkei die Beitrittskriterien ausreichend erfüllt, kann es zum Abschluss der Beitrittsverhandlungen kommen. Leggewie merkt diesbezüglich an: Je weiter der Annäherungsprozess der Türkei an die Standards der EU vorankommt, umso weniger Probleme wird der Beitritt bereiten.[197]

Im empirischen Teil dieses Buches (Kapitel 5) wurde die Debatte um den EU-Beitritt vor allem auf dem Hintergrund der kulturellen Unterschiede zwischen der Türkei und der EU analysiert. Es wurde festgestellt, dass nicht nur die ökonomischen Unterschiede zwischen der EU und der Türkei das Problem einer weiteren Integration in die EU bilden, sondern auch die kulturellen Verschiedenheiten. Dazu wurden zahlreiche Studien und Analysen verschiedenster Wissenschaftler herangezogen, wie Gerhards/Hans und Gerhards/Hölscher. Auf diese Weise wurde versucht, diese emotionalisierte Debatte sachlicher darzustellen und die damit verbundenen Annahmen empirisch zu belegen.

Die Ergebnisse von Gerhard und Hans haben verdeutlicht, dass der Aspekt der kulturellen Unterschiede den EU-Bürgern die größten Sorgen im Zusammenhang mit dem EU-Beitritt der Türkei bereiten. Die Religion der Türken, der Islam, ist hierbei entscheidend, da die religiösen Werte zwischen dem Islam und dem Christentum, das in der EU weit verbreitet ist, grundlegend verschieden sind. Es fehlen zahlreiche Gemeinsamkeiten des kulturellen Erbes in der türkischen Tradition, wodurch die türkische Kultur nicht mit der europäischen Kultur vereinbar zu sein scheint.

Die Analysen von Gerhards und Hölscher bezüglich einer Unterstützung der religiösen Gesellschaftsvorstellungen der EU haben gezeigt, dass die Werte der EU vor allem bei den Bürgern der EU-15 eine hohe Akzeptanz erhalten. Mit jeder zusätzlichen Erweiterung, vor allem aber durch den Beitritt Rumäniens, wurde die Unterstützung dieser Werte immer geringer. Die Türkei weicht in diesem Fall besonders stark von den Wunschvorstellungen der EU ab und wäre zusätzlich bei einem EU-Beitritt das bevölkerungsreichste Land der EU. Deshalb fällt auch der kulturelle Unterschied zwischen der Türkei und der EU so stark ins Gewicht. Gerhards und Hölscher behaupten aufgrund dieser Ergebnisse, dass die Türkei kulturell nicht zur EU passt.[198] Sie verweisen allerdings darauf, dass die Analysen nur eine Art Momentaufnahme der kulturellen Ansichten der betreffenden Länder darstellen können. Es handelt sich also bei den gegenwärtig festgestellten Wertorientierungen der Bürger, die sehr eindeutig ausgefallen

---

[197] Vgl. Leggewie (2004), S. 142.
[198] Vgl. Gerhards/Hölscher (2005), S. 266f.

sind, nicht um statische Größen. Vielmehr besteht die Möglichkeit, dass sich diese Werteunterschiede wandeln können.[199] Die Voraussetzung dafür sehen Gerhards und Hölscher in einem Modernisierungsschub innerhalb der neuen Mitglieds- oder Beitrittsländer, der unter anderem zu einem Anstieg des Wohlstandes führen und das Bildungsniveau heben kann. Erst dann kann man nach Gerhards und Hölscher auch eine Veränderung der Werte der Bürger erwarten, was wiederum zu einer Angleichung der kulturellen Unterschiede zwischen den Mitglieds- und Beitrittsländern führen kann. Die Prognose für diesen Modernisierungsprozess ist allerdings sozialwissenschaftlich nicht vollständig zu beantworten. Betrachtet man jedoch die Entwicklung der Beitrittsländer früherer Erweiterungsrunden, so lässt sich feststellen, dass die in Aussicht gestellte EU-Mitgliedschaft in einigen Beitrittsländern wie Irland und Spanien, die zum Zeitpunkt des Beitritts deutlich geringer modernisiert waren als die anderen Mitgliedsländer, tatsächlich die Modernisierungsprozesse beschleunigt hat. Der Modernisierungsschub benötigt allerdings seine Zeit. Die Phase bis zur vollständigen Mitgliedschaft sollte aus diesem Grund nicht zu kurz sein.[200]

Des Weiteren wurde festgestellt, dass sich die Ablehnung des EU-Beitritts der Türkei durch die EU-Bürger negativ auf die Beitrittsverhandlungen auswirken könnte. Allerdings stellt die Religion eines Landes für die EU kein Ausschlusskriterium dar, denn in keinem offiziellen EU-Dokument lässt sich so ein Ausschlusskriterium finden. Im Gegenteil: Denn gerade die Religionsfreiheit der Bürger wird von der EU garantiert und schließt somit auch nicht die Freiheit aus, ein Moslem zu sein.[201]

Vielmehr sieht die EU das Ziel einer Union, in der verschiedene Kulturen und nationale Identitäten respektiert werden und auf dieser Grundlage eine gemeinsame Politik gründen. Trotzdem kann ein Beitritt durch die EU-Bürger verhindert werden. Denn nach dem erfolgreichen Abschluss der Beitrittsverhandlungen können sich die einzelnen Mitgliedsländer dazu entschließen, einen Antrag auf ein Referendum zu stellen. In diesem Fall stimmen dann die EU-Bürger über den Beitritt ab. Sollte sich die Stimmung bezüglich des EU-Beitritts der Türkei bei den EU-Bürgern nicht ändern, besteht durchaus die Gefahr, dass im Falle eines Referendums statt dem üblichen Parlamentsentscheid die EU-Bürger den Beitritt verhindern.

Auch die Aufnahmefähigkeit der EU spielt hierbei eine zentrale Rolle. Dieser Aspekt

---

[199] Vgl. Gerhards/Hölscher (2005), S. 266f.
[200] Vgl. ebd., S. 272f.
[201] Vgl. Gerhards (2004), S. 15.

verdeutlicht, dass nicht alle Probleme, die sich im Zusammenhang mit dem EU-Beitritt der Türkei ergeben, auch durch die Türkei selbst gelöst werden können. Die Debatte um den EU-Beitritt der Türkei ist nicht ausschließlich eine Türkeidebatte, sondern auch eine EU-Debatte, bei der die Frage nach der Überdehnung und dem damit verbundenen Verlust der Handlungsfähigkeit der EU im Mittelpunkt steht. Ein entscheidendes Problem stellt hierbei die Größe und die überaus hohe Bevölkerungsdichte der Türkei als EU-Mitgliedsland im Vergleich zu den anderen EU-Mitgliedsländern dar. Gerhards und Hölscher formulieren treffend:

„Sozialwissenschaftliche Erkenntnisse können helfen, politische Entscheidungen ein Stück weit zu rationalisieren. Die Frage, ob die Erweiterung der EU und speziell die Mitgliedschaft der Türkei die EU überfordern wird, ist aber letztendlich eine Gleichung mit vielen Unbekannten, die sich entsprechend wissenschaftlich nicht beantworten, sondern allein voluntaristisch von der Politik entscheiden lässt."[202]

Nach Leggewie gibt es keine Antwort, die objektiv richtig ist. Die Entscheidung über den EU-Beitritt der Türkei muss im politischen Prozess getroffen werden. Die Entscheidungsträger beurteilen dabei selbst, welche Aspekte für sie die größte Rolle spielen.[203]

In diesem Zusammenhang wird die Notwendigkeit von Alternativen zur Vollmitgliedschaft deutlich, bei denen die Beziehungen zur EU erhalten bleiben und je nach Alternative auch die Perspektive auf die Vollmitgliedschaft (abgestufte Integration).

7.2 Schlussfolgerungen

Da die ablehnende Haltung der EU-Bürger und auch eine mangelhafte Erweiterungsfähigkeit der EU im schlimmsten Fall die Beitrittsverhandlungen mit der Türkei scheitern lassen könnten, ist eine Behebung oder Neutralisierung dieser Probleme notwendig. Trotz dieser Hürden erscheint ein EU-Beitritt der Türkei nicht ausgeschlossen. Sie hat zahlreiche Fortschritte in den letzten Jahren zu verzeichnen. Allerdings weist die Türkei in bestimmten Bereichen trotzdem noch erhebliche

---

[202] Gerhards/Hölscher (2005), S. 274.
[203] Vgl. Leggewie (2004), S. 147.

Umsetzungsmängel auf. Aufgrund der im Rahmen dieser Studie erhaltenen Ergebnisse, die gleichzeitig auch die starken Defizite der Türkei bei der Anpassung an die EU-Strukturen aufzeigen, erscheint die Integration der Türkei in die EU zur Zeit nicht realisierbar, sowohl für die EU (Aufnahmefähigkeit) als auch für die EU-Bürger (überwiegende Ablehnung). Ein Beitritt wäre aus den genannten Gründen in absehbarer Zeit nicht ohne Weiteres möglich und auch nicht sinnvoll. Eine längere Phase bis zur Mitgliedschaft wäre in diesem Fall eventuell hilfreich, die der Türkei dazu dienen könnte, die noch existierenden Defizite zu beheben. Das Modell der abgestuften Integration würde als Kompromiss sowohl der Türkei als auch der EU positive Aspekte bieten. Die Türkei würde die Perspektive auf eine Vollmitgliedschaft behalten und könnte politisch in die EU integriert werden, ohne die EU dabei zu überdehnen. Auf diese Weise würde mit dem Modell der abgestuften Integration auch den Erfordernissen der EU nachgekommen werden bezüglich der Handlungs- und Aufnahmefähigkeit.

Aus diesen Gründen erscheint mir die abgestufte Integration übergangsweise einen geeigneten Kompromiss beider Parteien darzustellen. Die Betonung liegt hierbei aber auch auf dem Wort „übergangsweise". Das Ziel sollte in jedem Fall die Vollmitgliedschaft sein, da das auch das große Ziel ist, auf das die Türkei seit Jahrzehnten hinarbeitet und tatsächlich beachtliche Fortschritte in diese Richtung erzielt hat. Sollte die Türkei allerdings die Perspektive auf die Vollmitgliedschaft verlieren, wird die EU wohl auch damit rechnen müssen, dass sich die Türkei von der EU abwendet und anders orientiert.

Die Türkei hat bisher im Punkt Annäherung an die EU verhältnismäßig viel erreicht und wird es sicherlich auch weiterhin, trotz der zur Zeit schleppend vorangehenden Beitrittsverhandlungen, schaffen. Vorausgesetzt die Türkei hat noch den Willen dazu.

8 Literaturverzeichnis

8.1 Literatur

Alpay, Şahin 2009: Die politische Rolle des Militärs in der Türkei, in: Türkei, Aus Politik und Zeitgeschichte 39-40/2009, Beilage zur Wochenzeitung „Das Parlament", 21. September 2009, bpb – Bundeszentrale für politische Bildung, Bonn

Atilgan, Canan; Klein, Deborah 2006: EU-Integrationsmodelle unterhalb der Mitgliedschaft, Arbeitspapier Nr. 158/2006, Konrad-Adenauer-Stiftung, Berlin/Sankt Augustin

Düzgit, Senem Aydin; Keyman, E. Fuat 2010: Das Prinzip der Fairness in den Beziehungen der Türkei zur EU, in: Keyman, E. Fuat; Yentürk, Nurhan (Hrsg.) 2010: Debatten zur globalisierten Türkei, J & D Dağyeli Verlag GmbH, Berlin

Ermagan, Ismail (Hrsg.) 2010: Die Europäische Union und der Beitritt der Türkei – Positionen türkischer Parteien und der Parteien im Europäischen Parlament, Politikwissenschaft Band 174, LIT Verlag Dr. W. Hopf, Berlin

Europäische Kommission 09.11.2010: MITTEILUNG DER KOMMISSION AN DAS EUROPÄISCHE PARLAMENT UND DEN RAT: Erweiterungsstrategie und wichtigste Herausforderungen 2010-2011, KOM(2010) 660, Brüssel

Europäischer Rat von Helsinki 1999: Schlussfolgerungen des Europäischen Rates von Helsinki, Bulletin der Europäischen Union, Nr. 12-1999, I.3

Europäischer Rat von Kopenhagen 2002: Schlussfolgerungen des Europäischen Rates von Kopenhagen, Bulletin der Europäischen Union, Nr. 12-2002, I.6

Friedrich, Hajo 2010: Von gnadenloser Gründlichkeit/Fortschrittsberichte: Wie die EU-Kommission in Brüssel die Beitrittskandidaten mit umfangreichen Recherchen unter die Lupe nimmt, in: Das Parlament, Nr. 30/31 vom 26. Juli 2010, Deutscher Bundestag (Hrsg.), Berlin

Füle, Stefan 2010: Die Türkei regelt das Tempo, interviewt von Silke Wettach, in: Das Parlament, Nr. 30/31 vom 26. Juli 2010, Deutscher Bundestag (Hrsg.), Berlin

Gerhards, Jürgen 2004: Europäische Werte – Passt die Türkei kulturell zur EU?, in: Europäische Identität, Aus Politik und Zeitgeschichte B 38/2004, Beilage zur Wochenzeitung „Das Parlament", 13. September 2004, bpb – Bundeszentrale für politische Bildung, Bonn

Gerhards, Jürgen; Hans, Silke 2011: Why not Turkey? Attitudes towards Turkish Membership in the EU among Citizens in 27 European Countries, in: JCMS: Journal of Common Market Studies, Volume 49, Number 4, Blackwell Publishing Ltd, Oxford/Malden

Gerhards, Jürgen; Hölscher, Michael 2005: Kulturelle Unterschiede in der Europäischen Union – Ein Vergleich zwischen Mitgliedsländern, Beitrittskandidaten und der Türkei, 1. Auflage, VS Verlag für Sozialwissenschaften/GWV Fachverlag GmbH, Wiesbaden

Goulard, Sylvie 2004: Le Grand Turc et la Republique de Venise, Paris

Großbongardt, Annette 2006: Türkei - Allahs Wille, Atatürks Gebot, in: DER SPIEGEL, Ausgabe 07/2006, SPIEGEL-Verlag Rudolf Augstein GmbH & Co. KG, Hamburg

Große Hüttmann, Martin 2005: „Die Türkei ist anders als Europa": Die öffentliche Debatte um einen EU-Beitritt der Türkei in Deutschland, in: Giannakopoulos, Angelos; Maras (Hrsg.), Konstadinos 2005: Die Türkei-Debatte in Europa – Ein Vergleich, VS Verlag für Sozialwissenschaften/GWV Fachverlage GmbH, Wiesbaden

Guzmán, Isabel 2010: Hürdenlauf in die EU/Beitrittsprozess: Der Weg von der Bewerbung bis zum Beitritt dauert Jahre – in der Regel, in: Das Parlament, Nr. 30/31 vom 26. Juli 2010, Deutscher Bundestag (Hrsg.), Berlin

Hillenbrand, Olaf 2007: Europa-ABC, in: Weidenfeld, Werner; Wessels (Hrsg.), Wolfgang 2007: Europa von A bis Z: Taschenbuch der europäischen Integration, Schriftenreihe Band 393, Bundeszentrale für politische Bildung, Bonn

Hoffmann, Carsten 2010: Boom am Bosporus – Türkei: Die Wirtschaft ist aber nur eine Seite der Medaille – der Mangel an Menschenrechten die andere, in: Das Parlament, Nr. 30/31 vom 26. Juli 2010, Deutscher Bundestag (Hrsg.), Berlin

Hooghe, L.; Marks, G. 2005: Calculation, Community and Cues: Public Opinion on European Integration, European Union Politics, Vol. 6, No. 4

Huntington, Samuel P. 1996: Der Kampf der Kulturen. The Clash of Civilizations. Die Neugestaltung der Weltpolitik im 21. Jahrhundert, München - Wien

Karakas, Cemal 2005: Für eine Abgestufte Integration – Zur Debatte um den EU-Beitritt der Türkei, HSFK-Standpunkte: Beiträge zum demokratischen Frieden, Nr. 4/2005, Hessische Stiftung Friedens- und Konfliktforschung/Peace Research Institute Frankfurt, Frankfurt am Main

Keskin, Hakki 2006: Die deutsch-türkische Debatte über den EU-Beitritt der Türkei, in: Frech, Siegfried/Öcal, Mehmet (Hrsg.) 2006: Europa und die Türkei, Wochenschau Verlag, Schwalbach/Ts.

Kramer, Heinz 2002: Die Türkei und die Kopenhagener Kriterien – Die Europäische Union vor der Entscheidung, S 39, SWP-Studie: Stiftung Wissenschaft und Politik, Deutsches Institut für Internationale Politik und Sicherheit, Berlin

Kramer, Heinz 2004: Die Türkei im Prozess der „Europäisierung", in: Türkei, Aus Politik und Zeitgeschichte B 33-34/2004, Beilage zur Wochenzeitung „Das Parlament", 9. August 2004, bpb – Bundeszentrale für politische Bildung, Bonn

Kramer, Heinz 2007: Die Türkei im EU-Beitrittsprozess: Mehr Krisen als Fortschritte, Diskussionspapier FG 2, 2007/07, Juni 2007, SWP- Studie: Stiftung Wissenschaft und Politik, Deutsches Institut für Internationale Politik und Sicherheit, Berlin

Lätt, Jeanne; Öztürk, Asiye 2007: Zypern und die türkisch-europäischen Beziehungen, in: Europa, Aus Politik und Zeitgeschichte B 43/2007, Beilage zur Wochenzeitung „Das Parlament", 22. Oktober 2007, bpb – Bundeszentrale für politische Bildung, Bonn

Läufer, Thomas (Hrsg.) 2007: Verfassung der Europäischen Union – Verfassungsvertrag vom 29. Oktober 2004 – Protokolle und Erklärungen zum Vertragswerk, Schriftenreihe Band 474, 3. Auflage, bpb – Bundeszentrale für politische Bildung, Bonn

Leggewie, Claus (Hrsg.) 2004: Die Türkei und Europa – Die Positionen, edition suhrkamp 2354, erste Auflage, Suhrkamp Verlag, Frankfurt am Main

Leiße, Olaf 2009: Europa zwischen Nationalstaat und Integration, VS - Verlag für Sozialwissenschaften/GWV Fachverlage GmbH, Wiesbaden

Lippert, Barbara 2003: Von Kopenhagen bis Kopenhagen: Eine erste Bilanz der EU-Erweiterungspolitik, in: EU-Erweiterungspolitik, Aus Politik und Zeitgeschichte B 1-2/2003, Beilage zur Wochenzeitung „Das Parlament", 6. Januar 2003, bpb – Bundeszentrale für politische Bildung, Bonn

Lippert, Barbara 2005: Die Türkei als Sonderfall und Wendepunkt der klassischen EU-Erweiterungspolitik, in: integration, Vierteljahreszeitschrift des Instituts für Europäische Politik, Ausgabe 2/05, April 2005, Nomos Verlagsgesellschaft, Baden-Baden

Lippert, Barbara 2006: Die EU nach und vor der Erweiterung, in: Europäische Union, Informationen zur politischen Bildung Nr. 279/2005, überarbeitete Neuauflage 2006, bpb – Bundeszentrale für politische Bildung (Hrsg.), Bonn

Lippert, Barbara 2007: Erweiterung, in: Weidenfeld, Werner; Wessels (Hrsg.), Wolfgang 2007: Europa von A bis Z: Taschenbuch der europäischen Integration, Schriftenreihe Band 393, Bundeszentrale für politische Bildung, Bonn

Rehn, Olli 2007: Die Erweiterung verstehen – Die Erweiterungspolitik der Europäischen Union, Europäische Kommission - Generaldirektion Erweiterung, Brüssel

Sabuncu, Yavuz 2001: Probleme in der Demokratie und den Menschenrechten in der heutigen Türkei, in: Kürşat-Ahlers, Elçin/Tan, Dursun/Waldhoff, Hans-Peter (Hrsg.) 2001: Türkei und Europa – Facetten einer Beziehung in Vergangenheit und Gegenwart; Wissenschaftliche Schriftenreihe: Zwischen Welten: Theorien, Prozesse und Migrationen; Band 6; IKO – Verlag für Interkulturelle Kommunikation, Frankfurt am Main

San, Coşkun 2001: Sind Demokratie und Menschenrechtsprobleme in der Türkei wirklich das einzige Hindernis für den Beitritt zur Europäischen Union?, in: Kürşat-Ahlers, Elçin/Tan, Dursun/Waldhoff, Hans-Peter (Hrsg.) 2001: Türkei und Europa – Facetten einer Beziehung in Vergangenheit und Gegenwart; Wissenschaftliche Schriftenreihe: Zwischen Welten: Theorien, Prozesse und Migrationen; Band 6; IKO – Verlag für Interkulturelle Kommunikation, Frankfurt am Main

Schmale, Wolfgang 2010: Geschichte und Zukunft der Europäischen Identität, Schriftenreihe Band 1048, bpb - Bundeszentrale für politische Bildung, Bonn

Schönlebe, Dirk 2006: Vertragspoker: Der türkische EU-Experte Cengiz Aktar erklärt, warum die EU ihren guten Ruf verspielen könnte, in: Hallo, Nachbar – Das Türkei-Heft, fluter. – Magazin der Bundeszentrale für politische Bildung, Nr. 20 / September 2006, Bonn

Şen, Faruk 2001: Die Türkei zu Beginn der EU-Beitrittspartnerschaft,
in: Südosteuropa -Türkei - Naher Osten, Aus Politik und Zeitgeschichte 13-14/2001, Beilage zur Wochenzeitung „Das Parlament", 23. März 2001, bpb – Bundeszentrale für politische Bildung, Bonn

Seufert, Günter; Kubaseck, Christopher 2006: Die Türkei – Politik·Geschichte·Kultur, Schriftenreihe Band 556, bpb - Bundeszentrale für politische Bildung, Bonn

Sezer, Esra 2007: Das türkische Militär und der EU-Beitritt der Türkei, in: Europa, Aus Politik und Zeitgeschichte 43/2007, Beilage zur Wochenzeitung „Das Parlament", 22. Oktober 2007, bpb – Bundeszentrale für politische Bildung, Bonn

Söyler, Mehtap 2009: Der demokratische Reformprozess in der Türkei, in: Türkei, Aus Politik und Zeitgeschichte 39-40/2009, Beilage zur Wochenzeitung „Das Parlament", 21. September 2009, bpb – Bundeszentrale für politische Bildung, Bonn

Steinbach, Udo 2002: Gesellschaft zwischen Tradition und Moderne, in: Türkei, Informationen zur politischen Bildung Nr. 277, 4. Quartal 2002, bpb – Bundeszentrale für politische Bildung, Bonn

Strabac, Z.; Listhaug, O. 2008: Anti-Muslim Prejudice in Europe: A Multilevel Analysis of Survey Data from 30 Countries, Social Science Research, Vol. 37

Tepasse, Nicole 2010: „Die Türkei ist enttäuscht", in: Das Parlament, Nr. 30/31 vom 26. Juli 2010, Deutscher Bundestag (Hrsg.), Berlin

Thiemeyer, Guido 2010: Europäische Integration: Motive – Prozesse – Strukturen, UTB 3297, Böhlau Verlag, Köln

Weidenfeld, Werner; Wessels (Hrsg.), Wolfgang 2007: Europa von A bis Z: Taschenbuch der europäischen Integration, Schriftenreihe Band 393, Bundeszentrale für politische Bildung, Bonn

Yeşilyurt, Zuhâl 2000: Die Türkei und die Europäische Union – Chancen und Grenzen der Integration, Der Andere Verlag, Osnabrück

Zandonella, Bruno 2006: EU-Begriffe und Länderdaten, pocket europa 2.554, Ausgabe 2007, 2. Auflage: November 2006, Bundeszentrale für politische Bildung (Hrsg.), Bonn

Zeh, Julie 2009: Recht auf Beitritt? Ansprüche von Kandidatenstaaten gegen die Europäische Union, in: Europa- Perspektiven und Grenzen, Politische Studien, Zweimonatszeitschrift für Politik und Zeitgeschehen, Themenheft 1/2009, Hanns-Seidel-Stiftung e. V., München

8.2 Internetquellen

Amnesty International 2004: Türkei Memorandum Februar 2004, http://www.navend.de/aktuell/pdf/2004-03-30/ai-T%FCrkei04.pdf (aufgerufen am: 10.08.2011)

Amnesty International 2007: Neuer Türkei-Bericht: Tötungen, Folter und „Verschwindenlassen" bleiben straffrei, http://www.amnesty.de/umleitung/2007/deu07/041?lang=de%2526mimetype%3Dtext/h tml&print=1 (aufgerufen am: 01.08.2011)

Amnesty International 2011: Länderbericht Türkei Dezember 2010, http://www.amnesty-tuerkei.de/wiki/Länderbericht_Türkei_Dezember_2010 (aufgerufen am: 15.08.2011)

Auswärtiges Amt 07.04.2009: Die Kopenhagener Kriterien, http://www.auswaertiges-amt.de/DE/Europa/Erweiterung/KopenhagenerKriterien_ node.html (aufgerufen am: 27.07.2011)

Auswärtiges Amt 11.12.2009: Türkei und Kroatien, http://www.auswaertiges-amt.de/DE/Europa/Erweiterung/TuerkeiKroatien_node.html (aufgerufen am: 15.07.2011)

BMWi: EU-Erweiterung – Die Bedingungen für die Erweiterung, Bundesministerium für Wirtschaft und Technologie, http://www.bmwi.de/BMWi/Navigation/Europa/Wirtschaftsraum-Europa/dienstleistung srdienstlei,did=143892.html (aufgerufen am: 08.08.2011)

Böckenförde, Ernst-Wolfgang 2004: Europäische Union – Nein zum Beitritt der Türkei, Frankfurter Allgemeine Zeitung, Feuilleton, 09.12.2004, http://www.faz.net/aktuell/feuilleton/europaeische-union-nein-zum-beitritt-der-tuerkei-1 193219.html (aufgerufen am: 28.09.2011)

Bundesregierung 2005: Ist die Türkei reif für einen EU-Beitritt?, REGIERUNGonline, http://www.bundesregierung.de/Content/DE/Archiv16/Artikel/2005/11/2005-11-00-ist-die-tuerkei-reif-fuer-einen-eu-beitritt-.html (aufgerufen am: 20.07.2011)

Bundesregierung 2006: Beitrittskandidat Türkei, REGIERUNGonline, http://www.bundesregierung.de/Content/DE/Archiv16/Artikel/2006/10/2006-10-04-beit ribeitrittska-tuerkei.html (aufgerufen am: 15.07.2011)

Churchill, Winston 1946: Züricher Rede vom 19. September 1946; in: Ein britischer Patriot für Europa: Winston Churchills Europa-Rede, Universität Zürich, 19. September 1946, DIE ZEIT, 05.05.2009, http://www.zeit.de/reden/die_historische_rede/200115_hr_churchill1_englisch (aufgerufen am: 01.07.2011)

Cremer, Jan; Hippler, Jochen 2004: Der umstrittene Beitritt: Soll die Türkei Mitglied der Europäischen Union werden?, bpb – Bundeszentrale für politische Bildung, http://www.bpb.de/themen/QE2ZL8,0,Der_umstrittene_Beitritt%3A_Soll_die_T%FCrk FC_Mitglied_der_Europ%E4ischen_Union_werden.html (aufgerufen am: 20.07.2011)

Cremer, Jan 2006: Die Türkei und die Europäische Union: Einführung in die Debatte, bpb – Bundeszentrale für politische Bildung, http://www.bpb.de/themen/IRO72F,0,0,Die_T%FCrkei_und_die_Europ%E4ische_Unio n.html (aufgerufen am: 14.08.2011)

Erler, Gernot; Schwall-Düren, Dr. Angelica; Zapf, Uta (SPD Bundestagsfraktion) 2004: Zur Diskussion der Aufnahme von EU-Beitrittsverhandlungen mit der Türkei, 19.10.2004, Berlin, http://www.spdfraktion.de/cnt/rs/rs_datei/0,,4398,00.pdf (aufgerufen am: 15.08.2011)

Eurobarometer (2006): Eurobarometer 66.1 (European Values and Societal Issues, Mobile Phone Use, and Farm Animal Welfare), ZA4526, Erhebungszeitraum: 06.09.2006 – 10.10.2006, http://info1.gesis.org/dbksearch/SDesc2.asp?no=4526&search=4526&search2=&db=D (aufgerufen am: 25.09.2011)

Euro-Informationen, Berlin 2011: Europarat – Schutz von Demokratie und Menschenrechten, http://www.eu-info.de/europa/europarat/ (aufgerufen am: 28.07.2011)

EUROPA 2007: Vertrag zur Gründung der Europäischen Wirtschaftsgemeinschaft, EWG-Vertrag - ursprünglicher Text (nicht konsolidierte Fassung), http://europa.eu/legislation_summaries/institutional_affairs/treaties/treaties_eec_de.htm # (aufgerufen am: 04.07.2011)

EUROPA 03.07.2007: Türkei: Die Kommission empfiehlt die Aufnahme von Beitrittsverhandlungen, http://europa.eu/legislation_summaries/enlargement/ongoing_enlargement/community_ acquis_turkey/e50015_de.htm (aufgerufen am: 22.08.2011)

EUROPA 29.05.2008: Beitrittspartnerschaft mit der Türkei, http://europa.eu/legislation_summaries/enlargement/ongoing_enlargement/community_ acquis_turkey/e40111_de.htm (aufgerufen am: 28.07.2011)

EUROPA 09.11.2010: Press Releases – Wichtigste Ergebnisse des Fortschrittsberichts 2010 über die Türkei, http://europa.eu/rapid/pressReleasesAction.do?reference=MEMO/10/562&format=HT ML&aged=0&language=DE&guiLanguage=en (aufgerufen am: 20.08.2011)

EUROPA 26.05.2011: Tätigkeitsbereiche der Europäischen Union – Erweiterung, http://europa.eu/pol/enlarg/index_de.htm (aufgerufen am: 25.07.2011)

Europäische Kommission 05.04.2011: Wirtschaft und Finanzen - Der Euro, http://ec.europa.eu/economy_finance/euro/index_de.htm (aufgerufen am: 25.07.2011)

Ferber, Markus; Langen, Dr. Werner 2007-2008: Arbeitsbericht der CDU/CSU-Gruppe im Europäischen Parlament 2007-2008, http://www.cdu-csu-ep.de/images/stories/docs/081204-arbeitsbericht07-08.pdf (aufgerufen am: 20.08.2011)

FOCUS Online 2006: Türkei: „EU-Beitritt derzeit undenkbar", http://www.focus.de/politik/ausland/tuerkei_aid_117026.html (aufgerufen am: 10.07.2011)

FOCUS Online 2010: EU: Kanzlerin Merkel lehnt Vollmitgliedschaft der Türkei ab, FOCUS Online, 19.09.2011, http://www.focus.de/politik/weitere-meldungen/eu-kanzlerin-merkel-lehnt-vollmitglieds chaft-der-tuerkei-ab-_aid_667021.html (aufgerufen am: 28.10.2011)

Fokus Europa 2011: Demokratisches Europa- Was bedeutet eigentlich „Europäische Integration"?, http://www.fokus-europa.eu/index.php?Itemid=54&id=56&option=com_content&task= view (aufgerufen am: 04.07.2011)

Gumpel, Werner 2006: Türkei und EU - Wirtschaftliche und soziale Überforderung der EU durch einen Türkeibeitritt?, bpb – Bundeszentrale für politische Bildung, 17.07.2006, http://www.bpb.de/themen/5QFQGF,0,0,Wirtschaftliche_und_soziale_%DCberforderun g_der_EU_durch_einen_T%FCrkeibeitritt.html (aufgerufen am: 25.09.2011)

Hammarberg, Thomas 2011: Report by Thomas Hammarberg, Commissioner for Human Rights of the Council of Europe - Following his visit to Turkey, from 27 to 29 April 2011; Strasburg, 12.07.2011, https://wcd.coe.int/wcd/ViewDoc.jsp?id=1814085 (aufgerufen am: 20.08.2011)

Hochleitner, Erich; Scheich, Manfred 2006: Die Aufnahmefähigkeit der Europäischen Union: Politische und institutionelle Grenzen, Arbeitspapier Juni 2006, Österreichisches Institut für Europäische Sicherheitspolitik, Maria Enzersdorf, http://www.aies.at/download/2006/hochleitner5.pdf (aufgerufen am: 20.07.2011)

Ipsos 2002: Les Français et l'adhésion de la Turquie à l'Union Européenne, Ipsos Public Affairs, 09.12.2002,

http://www.ipsos.fr/ipsos-public-affairs/sondages/francais-et-l%E2%80%99adhesiad-tu rquie-l%E2%80%99union-europeenne-0 (aufgerufen am: 10.10.2011)

Kalnoky, Boris 2008: Menschenrechte – Folter in türkischen Polizeiwachen nimmt zu, WELT ONLINE,

http://www.welt.de/politik/article2154038/Folter_in_tuerkischen_Polizeiwachen_nimmt _zu.html (aufgerufen am: 29.08.2011)

Langenfeld, Christine 2008: Der Beitritt der Türkei zur Europäischen Union – ein türkisches oder primär ein europäisches Problem?, Politische Essays zu Migration und Integration, 1/2008, Rat für Migration,

http://www.rat-fuer-migration.de/PDF/Langenfeld-Beitritt-Tuerkei.pdf (aufgerufen am: 25.09.2011)

Meier, Albrecht 2010: Beitrittsverhandlungen - EU-Gespräche mit der Türkei stocken, ZEIT ONLINE, 13.12.2010,

http://www.zeit.de/politik/ausland/2010-12/eu-gespraeche-beitrittsverhandlungen-tuerk ei (aufgerufen am: 18.08.2011)

OECD - Organisation für wirtschaftliche Zusammenarbeit und Entwicklung Berlin Centre: Die Organisation für europäische wirtschaftliche Zusammenarbeit (OEEC),
http://www.oecd.org/document/40/0,3746,de_34968570_35009030_43314152_1_1_1_ 1,00.html (aufgerufen am: 28.07.2011)

Röllenblech, Udo 2005: Die Europäische Union und die Türkei Beitrittsverhandlungen zur EU, Informationsnetzwerk EUROPE DIRECT CENTER STEINFURT, WESt mbH, Steinfurt,

http://www.eu-direct.info/coRED/_data/EU_Tuerkei_04Okt2005.pdf (aufgerufen am: 05.08.2011)

Schneider, Dr. Jörg; Thoma, Dipl. jur. Barbara 2006: Formen der abgestuften Zusammenarbeit zwischen der EU und (Noch-)Drittstaaten – Vom Handelsabkommen zum EWR Plus, Europa, Deutscher Bundestag, Wissenschaftliche Dienste Nr. 26/06 (8. Mai 2006), http://www.bundestag.de/dokumente/analysen/2006/EWR_Plus.pdf (aufgerufen am: 10.09.2011)

Schwarz, Oliver 2004: EU-Erweiterung,
http://www.europa-reden.de/info/erweiterung.htm#8 (aufgerufen am: 20.07.2011)

Thumann, Michael 2011: Türkei - Meinungsfreiheit nur auf dem Papier, ZEIT ONLINE,
http://www.zeit.de/politik/ausland/2011-03/tuerkei-meinungsfreiheit/komplettansicht (aufgerufen am: 02.08.2011)

Volmer, Hubertus 2010: Interview mit Andreas Schockenhoff: Alternativen zum EU-Beitritt der Türkei, n-tv.de, erstellt am: 26.03.2010, http://www.n-tv.de/politik/dossier/Alternativen-zum-EU-Beitritt-der-Tuerkei-article795 255.html (aufgerufen am: 15.09.2011)

Wernitznig, Heinz 2011: Interview mit Franz Fischler: „Geringe Wahrscheinlichkeit, dass die Türkei EU-Mitglied wird", EU-Infothek, 24.03.2011, http://www.eu-infothek.com/article/geringe-wahrscheinlichkeit-dass-die-tuerkei-ee-mitg lied-wird (aufgerufen am: 20.09.2011)

Zaptcioglu, Dilek 2006: Meinungsfreiheit in der Türkei – Land der Richter und Denker, SPIEGEL ONLINE Kultur,
http://www.spiegel.de/kultur/gesellschaft/0,1518,438500,00.html (aufgerufen am: 12.08.2011)

Anhang

<u>Die 35 Verhandlungskapitel</u>

1. Freier Warenverkehr	18. Statistik
2. Freizügigkeit von Arbeitnehmern	19. Sozialpolitik und Beschäftigung
3. Niederlassungsrecht und Dienstleistungsfreiheit	20. Unternehmens- und Industriepolitik
4. Freier Kapitalverkehr	21. Transeuropäische Netze
5. Öffentliches Auftragswesen	22. Regionalpolitik und Koordinierung der
6. Gesellschaftsrecht	strukturpolitischen Instrumente
7. Rechte an geistigem Eigentum	23. Justiz und Grundrechte
8. Wettbewerbspolitik	24. Sicherheit, Freiheit und Recht
9. Finanzdienstleistungen	25. Wissenschaft und Forschung
10. Informationsgesellschaft und Medien	26. Bildung und Kultur
11. Landwirtschaft	27. Umwelt
12. Lebensmittelsicherheit und Tier- und	28. Verbraucher und Gesundheitsschutz
Pflanzengesundheit	29. Zollunion
13. Fischerei	30. Außenbeziehungen
14. Verkehrspolitik	31. Außen-, Sicherheits- und Verteidigungspolitik
15. Energie	32. Finanzkontrolle
16. Steuern	33. Finanz- und Haushaltsbestimmungen
17. Wirtschafts- und Geldpolitik	34. Institutionen
	35. Sonstige Fragen

Quelle: Rehn (2007), S. 10.

Autorenprofil

Peggy Schirmböck (geb. Schulze) wurde 1981 in Bautzen geboren.

An der Gottfried Wilhelm Leibniz Universität in Hannover absolvierte sie ihr Studium zur Dipl. Sozialwissenschaftlerin. Zu den Schwerpunkten gehörten die politischen Systeme anderer Länder, internationale Beziehungen und die europäische Integration.

Bereits seit vielen Jahren beschäftigt sich Peggy Schirmböck sowohl privat als auch im Rahmen ihres Studiums mit zahlreicher Literatur über die EU und die Europäische Integration.

Mit dem Aufkommen der Türkei-Debatte in den Medien entwickelte sie ein besonderes Interesse an dieser Thematik. Die Frage, ob eine Integration der Türkei in die Strukturen der EU realisierbar ist, war ein grundlegender Gedanke, der Peggy Schirmböck dazu motivierte, eine eigene Studie über diese Thematik zu verfassen. Diese soll die Möglichkeiten und Probleme einer EU-Integration der Türkei prägnant darstellen und analysieren.